LIBERE SEU POTENCIAL

Dr. Myles Munroe

LIBERE SEU POTENCIAL

Revelando todas as suas capacidades,
os seus talentos e recursos

Tradução

Marson Guedes

Vida

Vida

Originally published in the USA in Partnership
by Destiny Image Inc, Shippensburg, PA and
Bahamas Faith Ministry, Nassau, Bahamas under the tittle
Releasing Your Potential – Expanded Edition

Todas as citações bíblicas e de terceiros
foram adaptadas segundo o Acordo
Ortográfico da Língua Portuguesa,
assinado em 1990, em vigor desde
janeiro de 2009.

■

EDITORA VIDA
Rua Júlio de Castilhos, 280 Belenzinho
CEP 03059-000 São Paulo, SP
Tel.: 0 xx 11 2618 7000
Fax: 0 xx 11 2618 7044
www.editoravida.com.br
www.vidaacademica.net

Editor responsável: Gisele Romão da Cruz Santiago
Revisão de tradução: Andrea Filatro
Revisão de provas: Polyana Lima
Assistente editorial: Alexandra Resende
Diagramação: Set-up Time
Capa: Arte Peniel (adaptação)

Dados Internacionais de Catalogação na Publicação (CIP)
(Câmara Brasileira do Livro, SP, Brasil)

Munroe, Myles
Libere seu potencial : revelando todas as suas capacidades, os seus talentos e recursos / Myles Munroe ; tradução Marson Guedes. -- São Paulo: Editora Vida, 2009.

Título original: *Releasing your potential : exposing the hildden you.*
ISBN 978-85-383-0091-5

1. Auto-atualização (Psicologia) - Aspectos religiosos - Cristianismo 2. Vida cristã 3. Vida cristã - Ensino bíblico I. Título.

08-11645 CDD-248.4

Índice para catálogo sistemático:

1. Vida cristã : Ensinamentos bíblicos : Cristianismo 248.4

Dedicatória

À Ruth, minha querida esposa, que é a essência do amor, uma fonte pessoal de incentivo e inspiração, e a razão do meu compromisso apaixonado de liberar todo meu potencial;

Aos meus filhos, Charisa e Chairo (Myles Jr.): vivo para ver o potencial de vocês liberado e elevado ao máximo;

Aos milhões de outras crianças que foram abortadas, privadas da oportunidade de liberar e elevar ao máximo seu impressionante potencial;

Aos milhões de grandes homens e mulheres que neste momento ocupam o útero de alguma mulher, crianças destinadas a mudar o mundo;

E aos milhões de pessoas do terceiro mundo, por todo o globo, cujo potencial é reprimido e subjugado pela opinião e julgamento de outras pessoas.

Agradecimentos

Este trabalho é produto da sinergia de muitas mentes. Sou eternamente grato pela inspiração e sabedoria de muitos grandes homens e mulheres que, por estarem apaixonadamente comprometidos em liberar seu potencial, deixaram um legado que serve de motivação para mim e para minha geração.

Sou também eternamente grato aos membros, amigos e colegas do Bahamas Faith Ministries International. As orações fervorosas dessas pessoas, junto com sua paciência e lealdade, permitiram-me cumprir meu propósito e atingir meu potencial, especialmente as de minha fiel administradora geral, Sheila Francis, minha irmã mais velha.

Pelo desenvolvimento e produção deste livro, tenho profunda gratidão a:

— minha maravilhosa esposa, Ruth, e nossos filhos, por terem sido pacientes e compreensivos, além de terem me apoiado durante minhas muitas viagens e compromissos fora de casa. Vocês tornam fácil cumprir a vontade de Deus.

— meu íntimo círculo de amigos, pastores e membros do conselho — Richard Pinder (amigo que virou irmão de sangue), Henry Francis, Dave Burrows, Wesley Smith e Jay Mullings (o gigante gentil que, durante os muitos anos de viagens, contribuiu para liberar meu potencial). Muito do que Deus fez em minha vida pode ser creditado à lealdade e ao compromisso dessas pessoas com a visão.

— Kathy Miller, minha talentosa e diligente transcritora, também editora e conselheira, que mais uma vez lutou bravamente para trazer à luz este projeto. E, novamente, Marsha Blessing da Destiny Image, que pacientemente correu atrás de mim em meio à minha intensa programação de viagens, a fim de cumprir os prazos.

— meus amigos de ministério os melhores que alguém poderia ter: Turnel Nelson, Bertril Baird, Peter Morgan, Fuchsia Pickett, Ezekiel Guti, Fred Price, Allen Langstraff, Jerry Horner e Kingsley Fletcher.

— e, finalmente, àquele que é a fonte e o supridor de todo potencial, o Onipotente, o Pai e Senhor de toda a criação, a seu Filho, meu irmão mais velho, Jesus Cristo, e a meu Conselheiro pessoal, o Espírito Santo. Obrigado pelo privilégio de servi-los.

Como usar o Guia de Estudo

O Guia de Estudo ao final de cada capítulo foi pensado para ajudá--lo a entender melhor e a aplicar os princípios discutidos na obra *Libere seu potencial.* Não importa se você usará o guia para estudo pessoal ou em grupo, a abordagem sugerida irá ajudá-lo a extrair o máximo de cada capítulo.

Tenha uma prévia antes de fazer a leitura completa:

— Leia o título do capítulo.
— Leia a primeira frase e procure os trechos destacados.
— Leia o último parágrafo e o resumo com os princípios.

Pergunte a si mesmo, enquanto lê:

— O quê…? Por quê…? Quando…? Quem...? Onde… e Como…?

Consulte rapidamente as perguntas do Guia de Estudo ao final do capítulo. Em seguida:

— Leia o capítulo inteiro.
— Reserve tempo para responder às perguntas que você fez a si mesmo.
— Busque as respostas para as perguntas do Guia de Estudo.

Faça uma revisão (para compreensão):

— Pense nos conceitos e princípios apresentados. Discuta os tópicos principais com o líder do estudo ou com o grupo.

Recorde (para memória):

— Os fatos e os princípios mais importantes.

Estude:

— Responda às perguntas do Guia de Estudo, buscando as respostas no texto.

Se necessário, leia novamente alguns trechos do capítulo, prestando atenção às frases destacadas.

Compare o que você respondeu com a Chave de Respostas, ao final do livro.

Esse formato de estudo é flexível e pode ser usado da seguinte maneira:

— Estudo em grupo

— Repasse o livro e os temas do Guia de Estudo. Faça a introdução de uma nova unidade.

— Tarefa de casa

— Leia o(s) capítulo(s) indicado(s).

— Responda às perguntas do Guia de Estudo.

— Estudo em grupo

— Discussão.

— Revise e rememore.

O Questionário de Revisão, que vem depois da Chave de Respostas, é opcional e abrange todo o livro.

O verdadeiro teste para a liberação do seu potencial é colocar em prática os princípios que aprendeu. A decisão é sua.

Sumário

Prólogo

Salomão escreveu no livro de Eclesiastes:

> De tudo o que se tem ouvido, a suma é: Teme a Deus e guarda os seus mandamentos; porque isso é o dever de todo homem (Eclesiastes 12.13, ARA).

Sabemos que, nesse contexto, o verbo temer não significa "ter medo de", mas "ter reverência por" ou "reverenciar". Este é o dever do homem: ter reverência diante de Deus e guardar ("obedecer", *NVI*) seus mandamentos. Mas a palavra "dever" tem sido grosseiramente negligenciada.

Quando ouvimos a palavra "mandamento", pensamos em moralidade: Não matarás, não cometerás adultério, não furtarás, não levantarás falso testemunho contra teu próximo etc. Raramente pensamos sobre o mandamento de Deus — mandamento não é sugestão — encontrado no primeiro capítulo de Gênesis, em que o Criador fala para o homem a respeito da sua realização mais grandiosa:

> Sejam férteis e multipliquem-se! Encham e subjuguem a terra! Dominem sobre os peixes do mar, sobre as aves do céu e sobre todos os animais que se movem pela terra (Gênesis 1.28).

O propósito que Deus tinha ao dar vida ao homem está contido nesses versos. O tempo passou, e esse propósito foi deixado de lado. Portanto, eu o chamo de mandamento "esquecido".

Myles Munroe trata desse mandamento esquecido neste estudo muito perceptivo a respeito do propósito e do potencial. Como um hábil cirurgião, ele disseca e delineia a necessidade que o homem tem de descobrir seu potencial e o propósito de estar aqui. Ungido pelo Espírito Santo, Myles também nos desafia a descobrir e ativar o propósito e potencial que cada um de nós possui.

Há um ditado que diz mais ou menos assim: "Desperdiçar a mente é uma coisa terrível".[1] Sem sombra de dúvida, isso é verdade, mas penso que desperdiçar o propósito e o potencial é algo ainda mais trágico. Se já se perguntou "Por que estou aqui? Por que nasci? O que é a vida, afinal?", então a leitura deste livro é obrigatória para você.

Talvez você esteja tateando os becos escuros da vida, tentando descobrir o propósito de sua existência. Se esse for o caso, este é um livro altamente recomendado para você. Leia, medite sobre ele, disseque o texto e assimile cada parágrafo. Seu esforço para entender os ensinamentos deste livro, e agir de acordo, fará uma diferença dramática na sua vida. Então o mundo será um lugar melhor porque você viveu para descobrir seu propósito e seu potencial.

Dr. Frederick K. C. Price
Crenshaw Christian Center
Los Angeles, Califórnia

---

1 No original, *Mind is a terrible thing to waste,* slogan lançado na década de 1970 pelo United Negro College Fund (UNCF), com o objetivo de sensibilizar norte-americanos a colaborar financeiramente com o fundo para a educação de crianças e adolescentes negros.

Prefácio

A pessoa mais pobre do mundo é aquela que não tem um sonho. A pessoa mais frustrada do mundo é aquela cujo sonho nunca se torna realidade. Estou seguro de que cada indivíduo neste planeta — não importa a raça, a cultura, a nacionalidade ou a condição socioeconômica — teve algum tipo de sonho. A capacidade que as crianças têm de sonhar é um instinto natural incorporado em nós pelo Criador. Não importa se somos muito pobres ou muito ricos, se nascemos em um vilarejo de um país subdesenvolvido ou entre pisos de mármore da sociedade aristocrática: todos temos sonhos de infância. Esses sonhos são manifestações visuais do nosso propósito, sementes do destino plantadas no solo de nossa imaginação. Estou convencido de que Deus criou o dom da imaginação, o qual serve para vislumbrar o nosso propósito na vida e ativar a capacidade oculta que há em cada um de nós. Propósito é o motivo pelo qual fazemos alguma coisa. É a finalidade para a qual os meios existem. É a fonte do sonho e da visão que carregamos dentro do coração desde a infância. É a chave da nossa realização.

É fato que todo fabricante faz um produto para cumprir um propósito específico, e cada produto é projetado com a capacidade de cumprir esse propósito. Na essência, o potencial de um produto é determinado por seu propósito. Isso é verdade para cada coisa que Deus criou, incluindo você. O propósito de uma semente é reproduzir árvores. Por isso, de acordo com o projeto de Deus, elas possuem a capacidade ou o potencial para realizar esse propósito. Mas, só porque uma semente tem o potencial para produzir uma floresta, isso não significa que ela a produzirá. Uma das maiores tragédias da natureza é quando uma semente é destruída ou impedida de chegar ao solo. Consequentemente, a morte de uma semente é o sepultamento de uma floresta. Ter capacidades é bom, mas aprisioná-las é ruim.

Sua vida tem o potencial para cumprir seu propósito. Entretanto, se você aprisionar esse potencial, estará roubando o propósito e a realização da sua vida. Você e cada indivíduo neste planeta possuem um tesouro impressionante. Uma quantidade enorme desse tesouro é enterrada todos os dias. O tesouro fica intocado, ninguém o usa para nada, e ele permanece nos cemitérios distribuídos pelo mundo. Muito talento, habilidade e criatividade se perderam para o mundo por falta de coragem. Muitos homens e mulheres obscuros entraram para a eternidade prenhes de potencial, com um propósito natimorto. Viver tendo capacidades traz responsabilidades. Morrer tendo capacidades revela irresponsabilidade.

Tudo na criação foi projetado para funcionar com base no princípio simples de receber e liberar. A vida depende desse princípio. E se as plantas se recusassem a soltar o oxigênio que elas possuem, ou se nós, seres humanos, nos recusássemos a exalar o dióxido de carbono que produzimos? O resultado seria o caos e a morte para todo o planeta. Potencial não liberado não é apenas inútil, também é perigoso. Isso vale para a pessoa ou coisa que deixou de liberá-lo, e também para quem estiver por perto. O potencial adormecido não é saudável, vantajoso, seguro nem eficaz. Você precisa entender que seu potencial é um depósito valioso, e que você o recebe para enriquecer a vida de outras pessoas. Quando o potencial é aprisionado, destrói a si mesmo.

O tremendo potencial que foi dado a mim e a você está trancafiado dentro de nós, aguardando que algo exija sua ação, que o faça funcionar. Nós temos a responsabilidade de usar o que Deus armazenou dentro de nós para o bem do mundo. Não ousemos levar esse depósito conosco quando deixarmos este planeta. Muitos de nós estamos cientes das capacidades que temos, mas temos sido frustrados por não conseguirmos liberar todo esse potencial. Alguns de nós colocam a culpa nas circunstâncias históricas. Outros apontam como causa as condições sociais. Outros ainda transferem a responsabilidade do fracasso e frustração à falta de educação formal, ou às poucas oportunidades que tiveram na vida.

Ao longo dos anos, passei a perceber que nenhuma desculpa justifica destruir a semente do potencial que Deus depositou em você. Você pode tornar-se o homem ou a mulher que nasceu para ser. Pode alcançar a visão que Deus lhe revelou. Pode começar aquele negócio que você planejou. Pode inaugurar a escola que imaginou. Só você é capaz de impedir seu caminho. Não importa onde ou como vive, você tem a capacidade de mudar sua atitude, e seu ambiente interno, até que eles favoreçam a germinação da sua semente potencial. O propósito deste material é ajudá-lo a entender e a se apropriar dos princípios necessários para liberar seu potencial. Você não deve aumentar a riqueza do cemitério. Viva corajosamente para que as portas do seu tesouro permaneçam abertas. Você deve isso à geração seguinte. O mundo precisa do que Deus depositou em você. Isso beneficiará seus contemporâneos e as gerações futuras.

Use o que ainda não foi usado. Abra as comportas do seu reservatório.

Introdução

Era setembro, a tarde de domingo estava fria, úmida e chuvosa na histórica cidade de Londres. Tínhamos acabado de fazer uma deliciosa refeição quando nosso anfitrião sugeriu que déssemos uma caminhada silenciosa pelo parque da vizinhança. Já estava viajando havia oito dias, cumprindo uma agenda que até aquele dia exigira de mim grande esforço físico e mental. Assim, era um prazer raro e uma grande alegria aceitar a oportunidade de passar aqueles momentos silenciosos a sós.

Nós entramos pelos caminhos bem cuidados e notamos, com certa surpresa, a quantidade de pessoas que teve a mesma ideia. Meu anfitrião se deliciou mostrando para mim a variedade de plantas, aves, flores e vegetação viçosa. Depois de termos andado uma curta distância, fomos interrompidos por um senhor mais velho que cumprimentou meu anfitrião efusivamente. Meu anfitrião me apresentou e continuou sua conversa com o senhor. Aproveitei a oportunidade para sair de fininho e dar a caminhada reservada e relaxante que desejava. Depois de andar por alguns minutos, o caminho serpenteou até a entrada de um velho cemitério. Meu interesse obstinado por história me levou a examinar a natureza histórica das lápides e de suas inscrições, só para satisfazer minha curiosidade. Foi uma experiência fantástica ler e estudar os diversos nomes, datas e citações, à medida que aqueles túmulos silentes falavam. Nomes como John Hill (1800-1864), Elizabeth Robinson (1790-1830) e outros serviam como evidência dos anos de história britânica ali enterrados.

Então deparei com uma pequena sepultura, talvez com um metro de comprimento, na qual se lia: "Markus Rogers, 1906-1910". Abaixo do nome estava a citação: "Partiu, mas não foi esquecido". Um pequeno cálculo revelou que esse era o lugar de descanso de uma criança de 4 anos de idade. Depois de examinar cuidadosamente as centenas de marcadores e lápides, meus olhos pousaram, mais uma vez, sobre o túmulo daquela criança. Fui tomado por uma profunda contemplação. Reparei que quase todas as lápides, incluindo a das crianças, tinham as palavras "Descanse em paz" nelas escritas. Muitas perguntas e pensamentos correram por minha mente: Quem eram os pais da criança? Qual foi a causa da morte? Qual foi o propósito do seu nascimento? Quais talentos naturais e dons ele possuía, que nunca foram mostrados e nunca beneficiaram ninguém? Que invenções ou descobertas ele poderia ter apresentado à raça humana? Quantas obras de arte grandiosas, livros ou canções morreram com esse precioso menino?

Enquanto o silêncio respondia, repentinamente lancei as perguntas para as muitas lápides que cercavam o lugar de descanso daquele menino. Alguns daqueles ali enterrados viveram durante trinta, quarenta, sessenta e até mesmo setenta e cinco anos. E, ainda assim, o único testemunho do tempo que passaram neste planeta foi "Descanse em paz". Então perguntei a mim mesmo: Como descansar se você morreu com todo o seu potencial dentro de você? À medida que uma leve garoa formava pingos sobre meu rosto, fui embora pensando: Que tragédia é para uma criança morrer em tão tenra idade, antes de ter a oportunidade de realizar plenamente seu potencial.

Imediatamente uma voz imaginária soltou um berro dentro da minha cabeça: Não é tragédia maior se aqueles que viveram até a velhice também carregaram seus livros, arte, música, invenções, sonhos e potencial para o túmulo? Repentinamente a garoa pareceu converter-se em suor enquanto eu ponderava as aterradoras implicações que essa pergunta trazia. Um dos meus maiores temores é que muitos daqueles que ainda caminham pelas ruas do nosso mundo, talvez alguns dos que estão lendo este livro agora, também deitarão no cemitério de suas comunidades todo o rico potencial que ficou preso dentro deles. Confio que você não permitirá que o túmulo roube deste mundo o seu impressionante e latente potencial.

Existem 5 bilhões de pessoas neste mundo. Cada uma delas é muito especial, singular, original e importante. Cada uma possui uma combinação genética que faz dela um indivíduo distinto, com digitais impossíveis de serem duplicadas. Não há ninguém igual a você neste momento, e nunca haverá. Cada um de nós — seja negro, mulato, amarelo, vermelho ou branco — foi concebido para um destino, gerado para um propósito e embrulhado com um potencial para viver uma vida plena de sentido e realização. Lá no seu íntimo reside uma semente de grandeza esperando para germinar. Você foi dotado de talentos naturais, dons, desejos e sonhos. A humanidade, em todas as culturas, raças e situações socioeconômicas, vive com o instinto natural de manifestar seu potencial.

Toda a criação segue o princípio do potencial. Tudo tem o instinto natural de liberar suas capacidades. Os reinos animal e vegetal estão plenos de evidências sobre esse fato. O Criador projetou tudo com esse princípio do potencial, que pode ser simplificado no conceito de uma semente. A Bíblia afirma que Deus criou tudo com "sementes de acordo com as suas espécies" (Gênesis 1.12). Em essência, dentro de cada coisa criada se mantém oculto o potencial de realizar e produzir muito mais do que percebemos.

Por favor, preste atenção: quando Deus criou a terra e colocou o homem no jardim, ele não deu ao homem um produto acabado. Embora Deus soubesse que o homem precisaria de comida, roupas, abrigo, transporte e outros itens de conforto, não tornou todas essas coisas disponíveis instantaneamente. Deus deu a seguinte ordem ao homem: "Sejam férteis e multipliquem-se! Encham e subjuguem a terra!" (Gênesis 1.28). Cada uma dessas ordens supõe que a capacidade de ser fértil e o potencial de se multiplicar, encher e subjugar estavam presentes no homem, esperando ser ativados, usados e liberados. Essa ordem também implica que a fertilidade (a liberação da vida oculta) e a multiplicação (a reprodução da vida oculta) não dependem de Deus, mas do indivíduo que possui a semente.

Você tem a capacidade de alcançar plenamente o propósito que você recebeu de Deus. O Criador lhe deu a responsabilidade de lançar essa semente preciosa em obediência a seus mandamentos. Liberar o potencial é um problema seu, não de Deus.

Henry Ford disse uma vez: "Meu melhor amigo é aquele que faz brotar o melhor de mim". Espero que este livro se torne um de seus melhores amigos, à medida que o inspira a revelar suas capacidades ocultas, para o benefício do mundo que o rodeia e para sua própria realização pessoal.

Nas últimas duas décadas tenho me dedicado a entender, ativar, disponibilizar e liberar meu potencial e o potencial de outras pessoas. Parte dessa dedicação envolveu estudar e observar a vida de alguns homens e mulheres, líderes de proeminência neste mundo — pessoas que afetaram positivamente a sociedade porque liberaram seu potencial e o elevaram ao máximo. Em consequência, estou convencido de que cada indivíduo vem ao mundo com uma bagagem potencial que excede qualquer tentativa de medir sua força. Também acredito que esse potencial é viável apesar do ambiente externo no qual ele se encontra. Meus estudos e experiências também revelaram que esse potencial deve ser liberado com a aplicação de alguns princípios que sempre se manifestam na vida daqueles que se valeram de sua capacidade nata. A presença e a aplicação desses princípios eram visíveis, não importando a condição étnica, social ou econômica prevalente.

Embora eu tenha dito que todos possuem grande potencial e a capacidade de libertar essa impressionante capacidade, também acredito, com grande tristeza, que nem todos se tornarão aquilo que o Criador espera que se tornem. Muitas pessoas são mero produto de seu ambiente e se permitem vitimizar pelas opiniões dos outros, assim como por julgamentos baseados em padrões humanos. Falta-lhes o desejo de mudar ou de enfrentar as limitações que lhes são impostas, seja por elas mesmas, seja pelos outros, e assim elas deixam de dar os passos necessários para desenvolver seu potencial.

No entanto, também creio que qualquer pessoa, de qualquer idade, em quaisquer circunstâncias, pode transformar-se, se assim desejar. Você pode tornar-se tudo o que Deus planejou para você, se estiver disposto a desafiar as normas e ousar acreditar em como Deus avalia sua capacidade. O que faz você sofrer não é aquilo que você não sabe. É aquilo que você sabe, mas não sabe assim tão bem.

O propósito deste livro é fazer você examinar e desafiar as muitas opiniões que têm pesado sobre sua vida por anos. Meu maior desejo é liberar de dentro de você a coragem para correr atrás da enorme capacidade que reside bem no seu íntimo, valendo-se da reserva de vida que seus pares ainda não enxergaram, e desafiá-lo a soltar as amarras da silenciosa riqueza de poder que está clamando por visibilidade. Quando terminar de ler este livro, leia-o novamente até que os princípios e as verdades nele contidos se tornem parte natural de seu pensamento, até que você tenha a consciência de que compreender e liberar seu potencial é simplesmente tornar-se você mesmo, seguindo as intenções originais de Deus, o Criador. Nada é impossível para aquele que crê.

Uma semente, enquanto não for lançada, é apenas a promessa de uma árvore.

Capítulo 1

A tragédia do potencial não liberado

A morte de uma semente é o sepultamento de uma floresta.

Fiquei sobressaltado com a voz ao interfone, que me tirou de um sono agitado. Finalmente estávamos iniciando o procedimento de pouso, após dez horas de voo. Com grande ansiedade, juntei meus pensamentos e me preparei para a aterrissagem. Era minha primeira viagem ao Brasil. Senti uma tremenda responsabilidade, já que havia sido convidado para discursar em uma conferência que reuniria 10 mil líderes e leigos. Dada a grande miscigenação de culturas, todas belas e complexas, minha estada no país seria uma lição sobre a singularidade humana. Assim, minha viagem foi uma confirmação de que, a despeito de diferenças secundárias, todos somos iguais.

Depois de sete dias, meu anfitrião e tradutor me levou para um *tour* em Brasília, a bela capital. Após visitar a bem organizada cidade, os prédios do governo e os monumentos imponentes dessa cidade peculiar, chegamos a um dos meus locais favoritos — o museu nacional. Por ser artista e amante da história, aprecio essas excursões em todos os países que visito.

Esse dia em Brasília não foi uma exceção. Dei grande valor às importantes obras de arte que me cercavam. Enquanto via, estudava e admirava as grandes peças históricas e as inestimáveis evidências da glória passada e presente da nação brasileira, mais uma vez recordei que cada pintura, cada escultura, cada peça era resultado do potencial liberado por alguém. Apesar de muitos dos artistas já terem morrido, seus trabalhos continuam vivos. Uma peça após a outra provava que o potencial não havia sido enterrado com os artistas. Pelo fato de terem ousado expor o talento oculto dentro deles, eu e muitas outras pessoas estávamos desfrutando e apreciando esses trabalhos criativos e sendo inspirados por eles.

Ao longo do tempo, grandes e pequenos trabalhos individuais — pintura, livro, música, poesia, teatro, arquitetura, invenção ou teoria — causaram impacto na vida de muitas pessoas. Todos os que ajudaram a moldar o destino de nossa sociedade — os gigantes que nos ensinam e nos inspiram — usaram seu potencial com paixão e se recusaram a deixar que as circunstâncias ditassem seu futuro. O museu brasileiro, como todos os museus do mundo, não nos deixa esquecer que pessoas se recusaram a deixar a morte dar a palavra final em suas potencialidades. *O potencial que elas liberaram é a herança da humanidade.*

Creio que a própria Terra é um museu. Cada um de nós vem ao mundo com uma tarefa a cumprir. Deus nos delega a missão de deixar para as próximas gerações algo com que possam aprender e inspirar-se. A capacidade para cumprir essa missão se encontra em nós mesmos. As ferramentas são nossos talentos, dons e ambições naturais.

Cada um de nós vem ao mundo com uma tarefa a cumprir.

A menos que você aceite a responsabilidade de ativar seus talentos, a geração seguinte entrará no museu da vida e descobrirá um vazio no espetáculo da Terra. A placa reservada para divulgação dos frutos de seu potencial será: "Tarefa não cumprida. Potencial não realizado".

A Capacidade Abortada

"O preço da grandeza é a responsabilidade." Essas palavras foram ditas por Winston Churchill. Elas contêm uma verdade que deveria ser preservada e levada em consideração. Os túmulos estão repletos de grandes homens e mulheres que nunca foram grandiosos porque não adicionaram responsabilidade à capacidade. O talento não utilizado é chamado de potencial. Todos nós viemos ao mundo prenhes de um potencial ilimitado. Somos capazes de muito mais do que já alcançamos. A menos que, ao longo da vida, coloquemos à mostra tudo o que Deus colocou dentro de nós para beneficiar a humanidade, nosso potencial será abortado.

Os túmulos estão repletos de grandes homens e mulheres que nunca foram grandiosos porque não adicionaram responsabilidade à capacidade.

O aborto é uma das maiores polêmicas da atualidade. Ele está dividindo muitas comunidades em posições antagônicas. Também se tornou a questão política do momento e está sendo usado para manipular as rédeas do poder. Muitas pessoas acreditam que se trata de um assunto novo. Apesar de causar muita agitação na sociedade, o problema não é novo. Na verdade, ele é tão velho quanto o mundo. O crime de aborto é tão antigo quanto a humanidade.

O aborto não se restringe a matar fisicamente um feto dentro do útero de sua mãe. O primeiro ato abortivo aconteceu no jardim do Éden, quando Adão, o primeiro homem, recebeu a responsabilidade de carregar sobre os ombros toda a raça humana. Em Adão estavam a semente de todas as gerações e a força de toda a humanidade. As instruções de Deus para Adão foram bem simples e claras:

> Coma livremente de qualquer árvore do jardim, mas não coma da árvore do conhecimento do bem e do mal, porque no dia em que dela comer, certamente você morrerá (Gênesis 2.16,17).

Certamente morrer significa impedir definitivamente a manifestação dos frutos que existem dentro de algo ou alguém. A essência do conceito de morte está na eliminação do potencial. Abortar significa exterminar a vida antes que seu potencial tenha sido ou possa ser completamente realizado, antes que a pessoa, animal ou planta tenha tido a oportunidade de alcançar a plenitude de seu potencial.

A essência do conceito de morte está na eliminação do potencial.

Tudo o que Deus criou tem uma capacidade oculta de se realizar. O relato da criação encontrado na Bíblia mostra que a semente tem em si os meios de produzir de acordo com sua espécie (v. Gênesis 1.12). Toda criação tem a capacidade oculta de ser tudo o que pode ser:

> Em cada semente há uma floresta;
> em cada peixe, um cardume;
> em cada ave, uma revoada;
> em cada boi, um rebanho;
> em cada menina, uma mulher;
> em cada garoto, um homem; e
> em cada ser humano, uma nação.

É importante lembrar que cada *grande árvore foi uma semente, cada menina foi um feto, cada homem foi um garoto, e cada nação já esteve no útero de uma mulher*. Também é interessante notar que, sempre que lida com o ser humano, Deus trata da semente de gerações que dele podem se originar. Quando Deus faz seus cálculos a respeito da vida, um é igual a vários, pouco é igual a muito, pequeno é igual a grande, e menos é igual a mais. Portanto, abortar uma semente é matar uma floresta, abortar um boi é matar um rebanho, abortar um menino é matar um homem, abortar uma garota é matar uma mulher, e abortar um ser humano é destruir uma nação. Deus disse a Abraão, o grande patriarca da história:

> Farei de você um grande povo, e o abençoarei. Tornarei famoso o seu nome, e você será uma bênção [...] todos os povos da terra serão abençoados (Gênesis 12.2,3).

O aborto é a tragédia suprema. Ele rouba a essência da vida e nega ao futuro seu valor.

Aborto por ignorância

Abortar é ignorar a responsabilidade e rejeitar a obrigação. Abortar é priorizar o conforto pessoal em detrimento da frutificação, porque *todo aborto sacrifica a responsabilidade.* Abortar o potencial é condenar o futuro. Essa realidade fez surgir disciplinas científicas inteiramente novas. A ecologia e os estudos do meio ambiente, como são conhecidas essas disciplinas, estão fundamentados na extinção do mundo, ou seja, "a exterminação da força potencial dentro da criação para atingir sua finalidade".

Abortar é ignorar a responsabilidade e rejeitar a obrigação.

A humanidade tem feito muitas tentativas de minimizar a extinção de várias espécies do reino animal e vegetal, investindo bilhões de dólares para proteger animais, plantas, florestas e a camada de ozônio. No entanto, é espantoso perceber que a mesma prioridade não foi dada aos seres humanos. Embora a humanidade lute para proteger baleias, corujas, árvores e peixes, também reivindica o direito de eliminar fetos humanos. Talvez houvesse progresso se cada médico, antes de praticar um aborto, fosse lembrado de que ele só tem a oportunidade de realizar essa trágica cirurgia porque sua mãe não o abortou no passado.

Portanto, a questão vai além do problema de tirar uma vida, embora a morte seja o resultado final. Mais que isso, o aborto é a ignorância e a falta de entendimento quanto aos princípios do potencial que permeiam nosso mundo. A maioria dos que morrem todos os anos é culpada de aborto porque não compreendeu a relevância de seu potencial individual.

O aborto do potencial é a morte do futuro. Isso afeta geração após geração. Quando Adão quebrou a lei de Deus, ele abortou o potencial que sua semente tinha para se tornar aquilo que deveria ser. Homens e mulheres de todos os tempos ficaram aquém da glória do Criador. Glória significa "natureza verdadeira" ou "essência plena" de algo. Em outras palavras, *ficar aquém da glória significa viver abaixo de seu verdadeiro potencial.* É o que Deus chama de pecado. O pecado não é um comportamento, mas uma propensão. Um dos grandes autores bíblicos disse:

> Considero que os nossos sofrimentos atuais não podem ser comparados com a glória que em nós será revelada. A natureza criada aguarda, com grande expectativa, que os filhos de Deus sejam revelados (Romanos 8.18,19).

De acordo com essa passagem, a queda do homem impediu que a glória plena da humanidade, ou seu verdadeiro potencial, fosse revelada ou manifestada. Toda a criação foi afetada pelo pecado. A criação de Deus está aguardando que a glória do homem, ou seu verdadeiro potencial, seja exposta, pois o destino da criação está vinculado ao destino do homem. Assim, qualquer aborto — seja de um sonho, seja de uma visão, de arte, música, literatura, negócios, liderança ou invenções — afeta a natureza e as gerações futuras. *Quantas crianças ainda não nascidas foram destinadas a cantar a canção que você nunca compôs?*

Quando Adão abortou a visão que Deus tinha colocado em seu coração e desobedeceu às ordens do Criador, ele mudou a vida de toda a raça humana que permanecia oculta em seus genes. A carta aos Romanos afirma:

> Portanto, da mesma forma como o pecado entrou no mundo por um homem, e pelo pecado a morte, assim também a morte veio a todos os homens, porque todos pecaram [em Adão]... Consequentemente, assim como uma só transgressão resultou na condenação de todos os homens, assim também um só ato de justiça resultou na justificação que traz a vida a todos os homens (Romanos 5.12,18).

É de vital importância que você entenda o princípio demonstrado nessas passagens. É a impressionante constatação de que, caso seu potencial não seja libertado, ele afetará esta geração e todas as gerações futuras. Até mesmo a criação testemunhará contra você. Se você abortar seu potencial, será culpado de roubar do mundo o tesouro que você deveria entregar a este planeta. *Você nasceu, e isso é evidência de que Deus sabia da carência do mundo quanto ao seu potencial.* Portanto, é imprescindível que você se recuse a deixar este planeta sem trazer à luz os sonhos, as ideias, as visões e invenções que estão hoje no útero da sua fé. Não aborte seu potencial. *Assalte a sepultura e tire de lá o tesouro que você carrega.* Deixe uma pintura de seu potencial na parede de história no museu da Terra.

Princípios

1. A liberação do seu potencial é a herança do mundo.
2. Você veio ao mundo prenhe de um potencial ilimitado.
3. Você é capaz de muito mais do que já realizou.
4. O destino da criação está vinculado à liberação de seu potencial.
5. Você nasceu, e isso é evidência de que Deus sabia da carência que o mundo tinha do seu potencial.

A tragédia do potencial não liberado

A morte de uma semente é o sepultamento de uma floresta.

1. Cada um de nós vem para o mundo com ____________________ a cumprir.
2. O que Deus nos encarrega de deixar para as gerações futuras?

   ____

   ____

3. Quais são as ferramentas para essas tarefas?

   ____

   ____

4. Por que a placa "missão incompleta, potencial não liberado" pode aparecer em um museu da vida?

   ____

   ____

5. De acordo com Winston Churchill, qual é o preço da grandeza?

   ____

   ____

6. A capacidade não utilizada se chama

   ____

   ____

7. Com quanto *potencial* você nasceu?

____

____

8. O que abortaria seu *potencial*?

____

____

9. *Abortar* significa

____

____

10. Qual é a essência do conceito de morte?

____

____

11. O que existe dentro de cada um dos itens abaixo?

Semente ______________________________

Peixe ______________________________

Ave ______________________________

Boi ______________________________

Menina ______________________________

Menino ______________________________

Ser humano ______________________________

12. Na matemática de Deus para a vida, quais dos itens abaixo são equivalentes?

Um = ______________________________

Pouco = ______________________________

Pequeno = ______________________________

Menos = ______________________________

13. Ligue as colunas com uma linha.

Abortar um(a):	é matar um(a):
Semente	Rebanho
Boi	Homem
Menino	Floresta
Menina	Mulher
Ser humano	Nação

14. Abortar é ignorar a ____________ e rejeitar a ____________.

15. O que aconteceu quando Adão quebrou a lei de Deus?

____

____

16. O aborto de *sonhos*, *visões*, *arte*, *música*, *escritos*, *negócios*, *liderança* ou *invenções* afeta a natureza e as gerações humanas que se seguem. Usando os exemplos abaixo, mostre como um "aborto" nessa área afetaria nosso mundo de hoje.

Invenção	Música / Arte	Escrita	Liderança	Negócios
Thomas Edison,	Fanny Crosby,	Shakespeare,	George Washington,	Bill Gates,
Lâmpada	Compositor de hinos	Literatura	Primeiro presidente dos Estados Unidos	Tecnologia

Invenção	Música / Arte	Escrita	Liderança	Negócios

Você nasceu, e isso é evidência de que Deus sabia da carência do mundo quanto ao seu potencial.

CAPÍTULO 2

Como você será lembrado?

Conhecer sua capacidade é ser apresentado à sua responsabilidade.

Imagine-se no funeral de um ente querido. Imagine que você esteja se dirigindo ao velório ou à igreja, estacionando seu carro e deixando o estacionamento. Enquanto entra no recinto, você observa as flores e a música suave vinda do órgão. Vê o rosto de amigos e familiares enquanto caminha pelo local. Sente juntamente com as outras pessoas a tristeza da perda e também a alegria por terem conhecido aquela pessoa, sentimentos que emanam do coração dos presentes.

Você anda em direção ao caixão, olha para dentro e se vê ali, frente a frente consigo mesmo. Esse é o seu funeral daqui a cinco anos. Todas essas pessoas vieram homenageá-lo e expressar sentimentos de amor e consideração. Você se senta, esperando que a cerimônia comece, e olha o programa que tem em mãos. Cinco pessoas terão a palavra. O primeiro orador faz parte de sua família — filhos, irmãos, irmãs, sobrinhos, sobrinhas, tias, tios, primos e avós —, gente que veio de toda parte do país para participar. O segundo orador faz parte de seu círculo de amigos, alguém que pode dar uma ideia do tipo de pessoa que você era. O terceiro orador faz parte de seu ambiente de trabalho. O quarto orador faz parte de sua igreja ou de alguma organização comunitária da qual você participava. O quinto e último orador é seu cônjuge.

Agora pense com seriedade. O que você gostaria que cada um desses oradores falasse sobre você e sua vida? Que tipo de marido ou esposa, pai ou mãe, você gostaria de ver refletido nas palavras dos oradores? Que tipo de filho, filha ou primo? Que tipo de amigo ou colega de trabalho?

Antes de continuar, pare alguns minutos e pense seriamente nessas questões. Acredito fervorosamente que a maior tragédia na vida não é a morte, mas a vida... a vida que fracassa em completar seu propósito e potencial.

A maior tragédia na vida não é a morte, mas a vida... a vida que fracassa em completar seu propósito e potencial.

Viva Efetivamente

Este livro está trazendo à sua consciência o grandioso tesouro que você possui, que é seu potencial. Já fiz palestras para milhões de pessoas sobre a vida efetivamente vivida. Tenho enfatizado que é melhor nunca ter nascido que viver e não cumprir o propósito para o qual você recebeu o dom da vida. Essa verdade encontra eco em Eclesiastes 6.3-5:

> Um homem pode ter cem filhos e viver muitos anos. No entanto, se não desfrutar as coisas boas da vida, digo que uma criança que nasce morta e nem ao menos recebe um enterro digno tem melhor sorte que ele. Ela nasce em vão e parte em trevas, e nas trevas o seu nome fica escondido. Embora jamais tenha visto o sol ou conhecido qualquer coisa, ela tem mais descanso do que tal homem.

Essa passagem afirma que seria melhor você nunca ter nascido que viver neste planeta por muitos anos e não cumprir o propósito de Deus ao lhe conceder a vida. Em resumo, quando você se conscientiza do seu fantástico potencial, é obrigado a liberar essa riqueza para o mundo que o rodeia.

Capacidade e Responsabilidade

"O que ficou para trás de você é história, e o que está diante é futuro, mas essas são questões menores se comparadas com o que você tem dentro de si", disse Ralph Waldo Emerson. Você não consegue mudar o passado, e o futuro ainda não chegou, mas o presente dá a oportunidade de elevar ao máximo sua vida e sua capacidade. Você precisa assumir a responsabilidade por sua capacidade — ninguém mais pode fazer isso por você.

Você precisa assumir a responsabilidade por sua capacidade.

Você está levando uma vida de natimorto? Está abortando todo o propósito do seu viver? Eu o incentivo a responsabilizar-se agora mesmo por sua capacidade. Determine-se a ativar, liberar e elevar seu potencial ao máximo para beneficiar a próxima geração. Deixe suas pegadas na areia da história de seu país. *Viva com plenitude, e assim você poderá morrer com eficiência. Deixe sua vida escrever o discurso de sua morte, e entregue seu potencial à humanidade para a glória de Deus.* Lembre-se de que "fazer bem" é muito melhor que "falar bem". Não se limite a falar de seus sonhos, visões e ideias potenciais. Comece agora mesmo a colocá-los em prática. Atreva-se a acreditar nisso: tudo o que você já realizou é apenas uma pequena porcentagem do que ainda pode realizar. Vá além dos padrões e experiências familiares da sua vida, siga na direção dos sonhos, planos e ideias mais íntimos que esperam para ser realizados.

Suas capacidades serão perdidas para o mundo?

Há um incrível potencial dentro de você esperando para ser ativado e liberado. Liberar seu potencial exige que você se recuse a ficar satisfeito com sua última conquista. Somente assim você poderá utilizar o astronômico limite de crédito que recebeu ao nascer. Por definição, potencial é um enorme e desconhecido banco de recursos que você recebeu ao nascer. Então, aquilo que você já realizou não é mais um potencial. Liberar seu potencial exige um desejo de ultrapassar o que lhe é familiar e alcançar a esfera das possibilidades.

Liberar seu potencial exige que você se recuse a ficar satisfeito com sua última conquista.

Se você tentar fazer coisas novas e escolher alargar seus horizontes, embarcará em uma viagem empolgante. Começará a enxergar o ser maravilhoso que Deus criou — um ser provido de uma quantidade de habilidades que você jamais sonhou ser possível. A jornada começa quando você entende o que é o potencial e como pode liberá-lo. Pois, tendo compreendido a magnitude da riqueza concedida por Deus, se você conscientemente der as costas e deixar o presente de Deus fechado, acabará abortando seu potencial e descumprindo o propósito para o qual a vida lhe foi concedida. A lista das coisas que você deixou de usar para beneficiar a si mesmo, a seus contemporâneos e às gerações futuras será usada para julgá-lo no grandioso dia da prestação de contas. O potencial existe para ser liberado, não para ser desperdiçado.

Algumas pessoas têm milhares de razões para não poderem fazer o que querem, quando tudo aquilo de que precisam é uma razão para mostrar que podem.

Princípios

1. Deus colocou dentro de você o potencial para beneficiar o mundo.
2. O potencial é um enorme e desconhecido banco de recursos que você recebeu ao nascer.
3. O potencial precisa ser usado, ou será abortado.
4. É a satisfação com o sucesso que mata o potencial.

Como você será lembrado?

Conhecer sua capacidade é ser apresentado à sua responsabilidade.

1. Qual é a maior tragédia na vida?
   ____
   ____
2. Verdadeiro ou falso? Quando temos consciência do nosso potencial, somos obrigados a liberar essa riqueza para o mundo que nos cerca. ______________
3. O que está atrás de você é ______________.
4. O que está à sua frente é ______________.
5. Verdadeiro ou falso? Você precisa assumir a responsabilidade por sua capacidade. ______________
6. É possível viver simultaneamente uma vida de natimorto e elevar ao máximo seu potencial? Explique.
   ____
   ____
7. Complete:

   A. Viva plenamente para que possa morrer ______________.

   B. Que sua ______________ escreva o discurso do seu funeral.

8. Não fique / Fique (*circule a alternativa*) somente falando sobre seus sonhos, visões e ideias potenciais.

9. Comece agora mesmo a / Espere para (*circule a alternativa*) viver seus sonhos, visões e ideias.

10. O que precisamos ultrapassar para elevar ao máximo nosso potencial?

____

____

11. Quando nos recusamos a ficar satisfeitos com as últimas conquistas, podemos valer-nos do ____________________

____

12. Responda:

A. O que você gostaria que as seguintes pessoas dissessem no seu funeral sobre você e sobre como viveu?

1. Família

____

____

2. Amigo

____

____

3. Colega de trabalho

____

____

4. Companheiro de trabalho na igreja

____

____

5. Cônjuge

____

____

B. Quais ajustes (se houver) você deve fazer para que esses comentários realmente sejam feitos no seu funeral?

____

____

Algumas pessoas têm milhares de razões para não poderem fazer o que querem, quando tudo aquilo de que precisam é uma razão para mostrar que podem.

Capítulo 3

O que é potencial?

Abortar o potencial é matar o futuro.

Potencial é...

> *capacidade encoberta... poder represado... força sem utilização... habilidades encobertas... sucesso sem finalidade... dons adormecidos... talentos ocultos... poder latente.*
>
> *... aquilo que você pode fazer e ainda não fez... aonde você pode ir e ainda não foi... quem você pode ser, mas ainda não é... aquilo que você pode imaginar e ainda não imaginou... a distância que você pode alcançar e ainda não alcançou... o que você pode ver e ainda não viu... o que você pode conquistar e ainda não conquistou.*

Assim, potencial é a soma de tudo o que você é e que ainda não se manifestou. É um depósito esperando para ser liberado e estendido ao máximo. Você é capaz de muito mais do que pensa, imagina, faz ou é neste momento. Esse é seu potencial. A menos que você tente continuamente alcançar algo mais elevado, ir mais longe, olhar além e captar algo mais grandioso do que capta agora, nunca descobrirá a totalidade do seu potencial.

Você é capaz de muito mais do que pensa, imagina, faz ou é neste momento.

O Princípio do Potencial

Imagine que estejamos em uma grande floresta e que eu lhe peça para descrevê-la. Você pode dizer que vê árvores, plantas, flores, insetos, aves e outros animais. Mas, na verdade, isso não é tudo o que você vê, pois dentro dessas coisas existem sementes para mais árvores, plantas, flores, insetos, aves e outros animais. Esse é o princípio do potencial. Sua observação descreveria fatos, mas não seria verdadeira.

Se, por exemplo, eu segurasse uma semente de maçã na mão, estaria segurando muito mais que uma semente. Em cada semente há uma árvore, e em cada macieira há maçãs contendo suas próprias sementes. E as sementes contêm mais macieiras, que contêm frutos, que contêm sementes, e assim por diante. Sim, estou segurando uma semente de maçã. Mas, na verdade, estou segurando um pomar inteiro. Isso é potencial — o que ainda está por vir.

Compreendendo o Potencial

Tudo o que Deus criou tem potencial. Gênesis 1.12 descreve como Deus criou plantas e árvores, cada uma dando "sementes de acordo com as suas espécies". O primeiro capítulo de Gênesis também relata a criação de aves e animais marinhos, domésticos, terrestres e selvagens. Eles também receberam a capacidade de reproduzir de acordo com as suas espécies. Assim, Deus criou cada ser vivo e o abençoou com um potencial. Cada um possuía, em qualquer dado momento, a capacidade de ser muito mais do que aparentava ser. Cada um continha a semente da qual surgiriam as futuras gerações de plantas, aves, peixes e animais.

Deus criou cada ser vivo e o abençoou com um potencial.

Deus também plantou dentro de você a capacidade de ser muito mais do que você é. Assim como a semente da maçã, você possui habilidades e recursos ocultos. A maior parte do potencial que Deus lhe deu continua dentro de você, sem ser visto ou utilizado. O que vejo quando o encontro, seja em que dia for, não é tudo o que você é.

A FONTE DE TODO O POTENCIAL

O que existiu e o que existe: tudo isso esteve em Deus. Antes que Deus criasse qualquer coisa, só ele existia. Portanto, Deus tinha dentro de si o potencial para fazer tudo o que fez. Não existe nada que não tenha existido antes dele. *Deus é a fonte de toda a vida porque, antes de haver alguma coisa, só havia ele.*

O que existiu e o que existe: tudo isso esteve em Deus.

"No princípio Deus criou os céus e a terra" (Gênesis 1.1). Deus tirou de dentro de si mesmo tudo o que criou. De fato, o começo esteve em Deus antes de começar. Deus começou o começo. Se o livro do Gênesis começasse com Gênesis 1.0, o versículo poderia ser "Antes de haver começo, havia Deus. Antes de haver criação, havia o Criador. Antes de haver qualquer coisa, havia Deus".

Deus não começou quando o começo começou. Ele estava no começo, antes de o começo ter um começo. "No princípio era aquele que é a Palavra. Ele estava com Deus, e era Deus" (João 1.1). Tudo no mundo que conhecemos estava em Deus antes de o mundo vir à luz. "Todas as coisas foram feitas por intermédio dele; sem ele, nada do que existe teria sido feito" (João 1.3). Assim, Deus é a fonte de todo potencial. Ele é tudo o que ainda não vimos.

Quando descrevemos essa característica de Deus, dizemos que ele é onipotente. *Omni* significa "tudo, todo" e *potent* significa "poderoso".

Deus está sempre pleno de poder. Ele sempre pode fazer mais do que já fez.

O processo de criação de Deus

O processo de Deus para criar o mundo segue um padrão interessante. *Em primeiro lugar, Deus planejou o que queria criar. Em segundo lugar, decidiu que tipo de material queria usar para dar forma à criação. Em terceiro lugar, usou a palavra para se dirigir ao material com o qual a criação seria formada e, por último, sua palavra foi cumprida, trazendo à existência exatamente aquilo que ele havia ordenado.*

Assim, quando Deus quis criar plantas, ele falou à terra, porque esta é a substância da qual queria que as plantas surgissem (Gênesis 1.11). Quando quis criar os animais, também falou com a terra, porque havia planejado que os animais fossem feitos de barro (Gênesis 1.24). Os peixes surgiram no mar quando Deus se dirigiu a ele (Gênesis 1.20). O sol, a lua e as estrelas apareceram na vastidão dos céus quando Deus os chamou à existência (Gênesis 1.14-17). Tudo veio a existir quando Deus dirigiu a palavra à substância material, de acordo com o plano que tinha traçado antes de chamar o mundo à existência.

Deus deu potencial a você

Quando Deus criou os seres humanos, dirigiu a palavra a si mesmo. Você foi criado por Deus porque Deus projetou os seres humanos de modo que fossem espírito, assim como ele é Espírito. Muitas pessoas nunca descobrem o propósito para o qual Deus as criou. Elas procuram em todos os lugares, menos em Deus, pelo significado de sua existência. A vida delas não cumpre o propósito para o qual vieram à existência, e seu potencial é desperdiçado. Deus olha para essas pessoas e lamenta essa perda: "Se ao menos vocês soubessem quem são. Se ao menos soubessem o que podem fazer. Se ao menos conhecessem os motivos que tive para lhes dar a vida". Talvez essa seja a atitude de Deus em relação a você.

Lembre-se: poucas coisas são impossíveis quando são feitas com atenção e destreza. Obras grandiosas são realizadas não pela força, mas pela perseverança. Deus criou você com potencial. Ele espera para ver o que você fará com o extraordinário presente que lhe deu.

Princípios

1. Potencial é o que ainda está por vir.
2. Deus criou tudo com potencial.
3. Deus é a fonte de todo potencial.
4. O que Deus planejou surgiu do material ao qual ele dirigiu sua palavra.
5. Quando Deus quis criar você, dirigiu a palavra a si mesmo.

O que é potencial?

Abortar o potencial é matar o futuro.

1. Circule as palavras que descrevem o potencial.

   Capacidade encoberta

   Poder represado

   Capacidade em uso

   Força sem utilização

   Habilidades sem finalidade

   Sucesso em uso

   Dons adormecidos

   Talentos expostos

2. Você é capaz de fazer mais / menos (*circule a alternativa*) do que está fazendo nesse momento.
3. Verdadeiro ou falso? É preciso almejar mais alto para descobrir a totalidade do seu potencial. ______________
4. Qual afirmação ilustra melhor o princípio do potencial?

A. Tenho uma semente de maçã na minha mão.

B. Tenho um pomar na minha mão.

C. Tenho uma macieira na minha mão.

5. Qual capítulo e versículo do livro de Gênesis ilustra o princípio do potencial?

____

____

6. Toda criatura vivente que Deus criou tem ______________.

7. Antes de existirem, onde estavam todas as coisas? __________ ________________.

8. Responda:

Antes de haver:	havia:
Um começo	______________________
Uma criação	______________________
Qualquer coisa	______________________

9. Qual passagem bíblia mostra que Deus é a fonte de todo potencial?

____

____

10. Enumere as afirmações para mostrar a ordem do processo que Deus usou ao criar o mundo.

_______ Ele escolheu o tipo de material que usaria para compor a criação.

_______ Ele planejou o que queria criar.

_______ O que ele disse passou a existir.

________ Deus dirigiu a palavra à substância com a qual a criação foi feita.

11. Ligue as colunas.

Quando Deus dirigiu a palavra:	Passaram (passou) a existir:
À terra	O sol, a lua e as estrelas
Ao pó	O ser humano
Ao mar	As plantas
À vastidão do céu	Os animais
A si mesmo	Os peixes

12. Responda:

A. Quais são as três coisas que você deseja conquistar, mas ainda não conquistou?

1. ____

2. ____

3. ____

B. Escolha um de seus desejos e decida qual plano de ação você usará para conquistá-lo.

Desejo:

____

Plano de ação:

____

____

____

Quando Deus quis criar você, ele se dirigiu a si mesmo.

Capítulo 4

Como liberar seu potencial?

Não leve para a sepultura o potencial que você carrega dentro de si. Libere seu potencial.

A esta altura você já deve entender o que é potencial, e também que você tem a enorme responsabilidade de liberá-lo. Neste capítulo, quero apresentar a você os seis princípios fundamentais de todo potencial, assim como os dez requisitos centrais para você usar com eficiência seu potencial.

Princípios que regulam o potencial

Antes de começar a compreender a natureza e a magnitude de seu potencial, você precisa entender as leis que controlam qualquer potencial. Deus estabeleceu essas leis quando se valeu de suas habilidades criativas para tornar visível tudo aquilo que já existia, mas permanecia invisível. Os dois primeiros capítulos da Bíblia contam a história de Deus soltando as amarras de seu potencial.

Princípio número 1 — Aquilo com o que Deus fala é a fonte para aquilo que ele cria

Uma análise do processo que Deus usou para criar o mundo revela que tudo o que ele criou foi trazido à existência pela palavra falada.

Tudo com o que Deus falou se tornou a fonte para criar aquilo que ele planejou trazer à existência. Quando Deus quis plantas, falou com a terra (Gênesis 1.11,12). Quando Deus quis animais, falou com a terra também (Gênesis 1.24,25). Quando Deus quis peixes, falou com as águas (Gênesis 1.20,21). Quando Deus quis as estrelas, falou com o firmamento (Gênesis 1.14,15). Em toda a criação, tudo com o que Deus falou se tornou a fonte da qual a coisa criada surgiu, e exatamente aquilo que Deus falou surgiu da matéria à qual Deus se dirigiu.

Princípio número 2 — Todas as coisas possuem os mesmos componentes e a mesma essência das fontes das quais se originam.

A fonte à qual Deus falou durante seu processo criativo também se tornou o ponto final de tudo o que ele criou. Quando as criaturas de Deus morrem, elas retornam para a fonte de onde ele as tirou. Assim, as plantas vieram do barro e ao barro retornarão. Os animais também vieram do pó e ao pó retornarão. Os peixes vieram do mar e a ele retornarão, e as estrelas vieram do firmamento e para lá retornarão. Isso é possível porque todas as coisas foram feitas com a mesma matéria de onde surgiram. Se olharmos as células de uma planta ou animal no microscópio, descobriremos que são 100% formadas de barro. Eles são compostos de barro porque vieram do barro.

Princípio número 3 — Todas as coisas precisam ser mantidas pelas fontes das quais surgiram.

O mundo de Deus também revela que tudo o que Deus criou precisa ser sustentado e mantido pela fonte da qual surgiu. As plantas arrancadas da terra morrem. Os animais que param de comer plantas ou outros animais morrem. Os peixes que são retirados da água morrem. As flores utilizadas em arranjos enfraquecem antes que as mantidas na terra. De fato, todos os seres vivos morrem no instante em que são removidos de suas fontes. Os sinais de morte e decadência podem não ser imediatamente reconhecidos, mas, apesar disso, a morte já aconteceu. Nenhuma das criaturas de Deus consegue sobreviver sem os recursos ou a nutrição proporcionada pelas substâncias das quais surgiram.

Princípio número 4 — O potencial de todas as coisas está relacionado com as fontes das quais elas surgiram.

Como todas as coisas são compostas das fontes de onde surgiram, também contêm o mesmo potencial do material original. Os animais não possuem nem mais, nem menos potencial que a terra de onde surgiram. As plantas também possuem o potencial da terra. Se o solo tem poucos nutrientes ou não consegue absorver água, as plantas são desfavoravelmente afetadas por sua pobreza. Da mesma forma, os animais que se alimentam das plantas produzidas em solo pobre receberão menos nutrientes do que se tivessem comido plantas produzidas em solo rico.

Nenhum produto consegue ter mais força que a fonte da qual surgiu. Uma mesa de madeira, por exemplo, é tão forte quanto a madeira usada pelo marceneiro para construí-la. Se você construir uma mesa usando uma árvore podre, obterá uma mesa podre. Um piso feito de pinho não resistirá ao uso tão bem quanto um piso feito de carvalho, porque a madeira do pinheiro é mais fraca que a do carvalho. As características da árvore com a qual as tábuas são feitas sempre afetam a qualidade do piso acabado.

Nenhum produto consegue ter mais força que a fonte do qual surgiu.

Assim, a qualidade de qualquer produto depende da qualidade dos componentes usados no produto, que, por sua vez, dependem da qualidade dos materiais usados nos componentes. *O potencial de alguma coisa está sempre relacionado ao potencial da fonte da qual ele surgiu.* Nada consegue ser maior que sua fonte.

Princípio número 5 — Tudo na vida tem o potencial para cumprir seu propósito.

O propósito de uma coisa é o intento ou desejo original de quem a criou. Assim, o propósito de uma coisa não pode ser conhecido a não ser que se pergunte ao projetista ou ao fabricante. Se entrássemos no laboratório de um inventor e você me perguntasse para que serve certa engenhoca, eu poderia adivinhar a utilidade ou função do dispositivo, mas apenas o inventor seria capaz de confirmar ou rejeitar minha sugestão.

O propósito de uma coisa não pode ser conhecido a não ser que se pergunte ao projetista ou ao fabricante.

Da mesma forma, *o projeto embute no produto a capacidade que ele tem de cumprir seu propósito.* Nenhum fabricante sugeriria que você utilizasse seu dispositivo para lavar roupas a menos que o dispositivo fosse projetado para lavar roupas. Se eu supuser que a máquina é uma secadora de roupas e reclamar com o vendedor que o produto não seca minhas roupas, o fabricante certamente responderá: "Mas a máquina não foi feita para secar roupas. Se você usá-la para lavar roupas, vai dar tudo certo. Mas não queira que ela seque roupas, porque ela não tem essa capacidade. Eu não a fabriquei para isso". O fabricante determina o propósito do produto e também como ele funcionará para cumprir esse propósito.

Princípio número 6 — O potencial é determinado e revelado pelas ações que seu criador demanda.

A potencialidade de um produto é determinada por aquilo que o fabricante exige dele. O potencial é revelado pela fé que o fabricante tem em seu produto e pelas expectativas que coloca sobre ele. Se o fabricante de caminhões os projeta para suportar meia tonelada, a empresa não dirá que seu produto tem a capacidade de suportar uma tonelada. Por quê? Porque o fabricante sabe que não pode exigir que o caminhão suporte uma tonelada quando as suas especificações mostram que a carga máxima é de meia tonelada.

O potencial é revelado pela fé que o fabricante tem em seu produto e pelas expectativas que coloca sobre ele.

O fabricante não exigirá que o produto apresente um desempenho melhor ou pior do que consta no projeto. Se um fabricante exige que um produto faça algo, você pode estar certo de uma coisa: ele acredita que a capacidade de desempenhar a tarefa está embutida no produto.

Chaves para liberar seu potencial

Dar potencial a um produto não significa que o potencial será manifestado. Muitos de nós temos aparelhos em nossas casas que fazem muito mais do que pedimos. Talvez você use seu forno para assar, mas não para grelhar, porque não sabe como usar a grelha. Ou talvez você tenha um aspirador de pó que aspire água e poeira, mas não utiliza essa funcionalidade porque não sabe que o fabricante a incluiu entre as qualidades do aparelho.

Deus deu a homens e mulheres muitas habilidades. Entretanto, é muito frequente fracassarmos no uso desse potencial porque não entendemos a magnitude das nossas capacidade nem os requisitos necessários para liberar essa potência. A seguir estão as chaves para a liberação eficiente da riqueza de nosso potencial.

Chave número 1 — Você precisa conhecer sua Fonte.

Cada produto que você compra inclui certo nível de garantia, que se fundamenta no relacionamento com a pessoa que o vendeu. Assim, se você quiser comprar um carro, primeiro faz uma pesquisa sobre a integridade dos diversos fabricantes de carros e a qualidade de seus produtos. Depois, você procura um revendedor autorizado que vai explicar e seguir as especificações do fabricante.

Deus é seu fabricante. Se quiser conhecer seu potencial, você deve ir até ele. Deus, por meio de seu revendedor autorizado, o Espírito Santo, é o único que pode revelar as qualidades e características de seu potencial e as precauções necessárias para evitar que suas capacidades sejam desperdiçadas ou violadas. A menos que você conheça sua Fonte e estabeleça com ela um relacionamento através de seu Filho, Jesus Cristo, você não terá esperança de liberar seu potencial. Conhecer Deus é a chave primordial que abre espaço para outras soluções.

Chave número 2 — Você precisa compreender como foi projetado para funcionar.

Cada fabricante projeta seu produto com certas características e especificações. Depois ele fornece um manual de instruções que explica as características do produto, e assim você se familiariza com as partes do equipamento e suas funções. Desse modo, um fabricante de carros descreve no manual como o motor, os freios, o limpador de para-brisas etc. devem operar, porque ele sabe que você não obterá o desempenho ideal do carro a menos que compreenda como as diversas peças devem funcionar.

Deus projetou você com funcionalidades e capacidades complexas. Se não conseguir aprender de Deus como você foi projetado para funcionar, estará a caminho de entrar em curto-circuito. Você somente liberará seu potencial quando aprender a operar com fé, de acordo com as especificações de Deus.

Chave número 3 — Você precisa saber qual é seu propósito.

Quando um fabricante apresenta um novo produto, ele primeiro esclarece o propósito desse produto. Depois projeta as características que cumprem esse propósito. Portanto, um fabricante de carros primeiro decide se o veículo será um carro de corridas, um utilitário de entregas ou um carro de família. Definido o objetivo do veículo, os engenheiros incorporam diversas funcionalidades para atingir esse objetivo.

Antes de você nascer, Deus tinha um plano e um propósito para sua vida. Então, de acordo com esse plano, ele lhe deu capacidades e aptidões especiais que o habilitam a alcançar tudo aquilo que ele planejou. Se você quiser liberar seu potencial, deve primeiro descobrir o plano de Deus para sua vida. Conhecer e viver dentro dos propósitos de Deus é a diferença entre usar e abusar dos dons e capacidades que ele atribui a você.

Chave número 4 — Você precisa entender seus recursos.

Os fabricantes também determinam os recursos necessários para que um produto tenha o desempenho de maneira correta e eficiente. O fabricante de um carro pode especificar a octanagem da gasolina, a pressão do ar nos pneus, ou quantos litros de óleo o motor usará.

O padrão de Deus para sua vida também inclui especificações para os recursos espirituais, físicos, materiais e da alma necessários para você alcançar uma vida plena e produtiva. Enquanto não descobrir quais recursos Deus preparou para você e quais benefícios ele planejou que você obtivesse de cada recurso, seu potencial será tolhido e seu desempenho será inferior ao que poderia ser.

Chave número 5 — A liberação de seu potencial demanda duas coisas.

A primeira é ter conhecimento das especificações do ambiente ideal que Deus providenciou no jardim do Éden. A segunda é ter disposição para fazer as mudanças necessárias no ambiente para ajustá-lo às especificações de Deus.

Chave número 6 — Você precisa colocar seu potencial em ação.

A maioria dos produtos não atinge seu propósito simplesmente por existirem. Eles precisam realizar algo para atender às expectativas do fabricante. Um carro, por exemplo, deve transportar ocupantes e carga do ponto A para o ponto B. Assim, seu propósito não será cumprido se ele ficar parado na estrada. Um carro permanece com o potencial de cumprir seu propósito quando fica parado na estrada. No entanto, só satisfaz a intenção do fabricante quando cumpre o que foi projetado para fazer, ou seja, ir do ponto A para o ponto B.

Deus colocou Adão em um ambiente ideal, no qual estavam disponíveis todos os recursos necessários para uma vida produtiva e satisfatória. Adão desfrutou de um relacionamento íntimo com Deus, no qual conhecia a natureza de Deus — como ele operava — e o propósito para o qual Deus havia criado o ser humano. Mas o potencial de Adão permaneceria trancado dentro dele se Deus não lhe desse um trabalho a fazer. Apenas mediante o trabalho é que se manifestou seu potencial para dar nome aos animais. O mesmo vale para você. Seu potencial não será liberado enquanto você não colocar seus pensamentos, planos e ideias em ação. Você precisa trabalhar para trazê-lo à tona.

Chaves para elevar ao máximo seu potencial

É maravilhoso ficar observando as plantas. Depois que as sementes são plantadas, os jardineiros esperam ansiosos pelos pequenos brotos que saem do solo. Em condições ideais, a maioria das sementes germina em uma ou duas semanas. Embora os cuidados sejam essenciais durante as primeiras semanas de crescimento, o jardineiro não verá o pleno potencial das plantas enquanto elas não frutificarem.

Muitas vezes o começo é empolgante por causa dos vislumbres do potencial que Deus inculcou em nós. Logo depois de convidarmos Jesus para morar em nosso coração, passamos tempo adorando, orando e estudando a Bíblia; procuramos olhar além das circunstâncias presentes, para o mundo invisível da fé; buscamos a orientação de Deus para as decisões do dia-a-dia, à medida que nos abrimos aos planos e propósitos de Deus para nós; avaliamos com carinho e valorizamos as muitas bênçãos que ele derrama sobre nós; ajustamos cuidadosamente nosso ambiente para torná-lo inspirador e positivo; trabalhamos para trazer à luz nossos sonhos e ideais. Mas, com o passar do tempo, o jardim de nosso potencial perde sua vitalidade por permitimos que circunstâncias e responsabilidades se amontoem e afoguem as ideias e possibilidades que permanecem ocultas dentro de nós.

Talvez você esteja usando um pouco da riqueza que Deus armazenou em você para beneficiar o mundo, mas seu progresso está cada vez mais lento, ou talvez você esteja até mesmo parando. Os padrões que se seguem são as chaves para incentivar seu jardim a chegar à maturidade, à medida que você libera todo o potencial que Deus lhe deu.

Chave número 1 — Você precisa cultivar seu potencial.

Jardineiros experientes sabem que ervas daninhas geralmente crescem mais rápido que os vegetais. Se um jardineiro se ausentar por várias semanas, encontrará vegetais fracos e adoentados que produzem pouco ou nenhum fruto. Ou, ainda pior, verá que já não existem vegetais em seu jardim, porque as ervas daninhas asfixiaram os brotos e impediram que eles crescessem. O cultivo é necessário para obter um jardim saudável e produtivo.

O mesmo acontece com o seu potencial. Você precisa cultivar sua vida com cautela para remover as influências que retardam seu potencial ou que o eliminam. Procure a companhia de pessoas positivas e incentivadoras. Livre-se de atividades e situações que podem incentivar você a retornar a seu antigo estilo de vida. Agarre-se à Fonte e permita que Deus o purifique das coisas que podem impedir você de elevar ao máximo seu potencial. *Boa parte do potencial que vem à tona morre por falta de cultivo.* Se você cultivá-lo com cuidado e consistência, será capaz de arcar com as responsabilidades que Deus colocou em suas mãos.

Chave número 2 — Você precisa proteger seu potencial.

A maioria dos jardineiros já experimentou frustração e decepção por causa de pequenos animais, insetos ou aves que destroem as plantas cuidadosamente cultivadas. Cercas, inseticidas e espantalhos são alguns dos artifícios usados para impedir que as plantas novas sejam devoradas.

Satanás pretende destruir seu potencial. Ele tenta constantemente usar milhares de situações, posturas, coisas e pessoas para devorar suas capacidades. Você verá apenas uma pequena porção do que pode fazer, a menos que proteja sua riqueza oculta. A liberação plena de seu potencial depende diretamente do seu zelo em proteger seus sonhos, planos e ideais das muitas influências negativas que podem impedir sua realização.

Chave número 3 — Você precisa compartilhar seu potencial.

Jardinagem é um esforço compartilhado. Embora o jardineiro prepare o solo, plante as sementes e arranque as ervas daninhas, as plantas não darão frutos a menos que as abelhas polinizem as flores, o sol aqueça a terra, e a chuva permita ao solo liberar seus nutrientes.

Elevar ao máximo seu potencial, e o potencial de bilhões de pessoas na terra, é também um esforço compartilhado. *O potencial é dado para o benefício de muitas pessoas, não de apenas uma.* Ninguém se sente gratificado ao compor uma sinfonia se nenhum músico aplicar seu talento para tocar a música composta. Da mesma maneira, a experiência de tocar a música não será inteiramente satisfatória se não houver uma plateia que saiba apreciar música.

O potencial é dado para o benefício de muitas pessoas, não de apenas uma.

Deus criou os seres humanos para que vivessem em comunhão com ele e com outros seres humanos. Uma vida sem amor, que guarda para si todas as suas realizações, logo perde a inspiração para liberar seu potencial. Se você doar livremente seus dons, aspirações e capacidades, seu potencial será ampliado, elevado ao máximo.

Chave número 4 — Você precisa conhecer e compreender as leis da limitação.

Todo jardineiro experiente sabe que existem diversas leis que determinam o sucesso ou o fracasso de um jardim. Plantas delicadas murcham sob o sol quente se forem plantadas ao meio-dia. Quando as plantas não são regadas com regularidade, o resultado são frutos de menor qualidade ou nenhum fruto. Plantas deixadas à mercê de ervas daninhas produzem uma colheita inferior às que crescem em um ambiente livre dessas pragas. Apesar de o jardineiro poder desconsiderar essas regras, ele não tem o poder de mudar as consequências de suas ações.

O mesmo acontece com seu potencial. Deus lhe deu a liberdade e o poder para elevar seu potencial ao máximo. Ele definiu leis e mandamentos para proteger seu potencial, e lhe deu a liberdade de escolher se você irá obedecer ou desobedecer. Deus também lhe concedeu o poder de sonhar, planejar e imaginar, juntamente com a responsabilidade de trazer seus ideais para a realidade. Liberdade sem lei tem como consequência a perda do propósito. O poder sem responsabilidade é ineficaz. Um precisa do outro para impedir que ocorra um desastre. Para levar a cabo seu potencial, é necessário que você compreenda e respeite as leis que Deus estabeleceu, leis que garantem a liberação plena do seu potencial.

Princípios que regulam o potencial

1. Aquilo com que Deus fala é a fonte para aquilo que ele cria.
2. Todas as coisas possuem os mesmos componentes e a mesma essência das fontes das quais se originam.
3. Todas as coisas precisam ser mantidas pelas fontes das quais surgiram.
4. O potencial de todas as coisas está relacionado com as fontes das quais elas surgiu.
5. Tudo na vida tem o potencial de cumprir seu propósito.

6. O potencial é determinado e manifestado pelas ações que o criador demanda dele.

Chaves para liberar seu potencial

1. Você precisa conhecer sua Fonte.
2. Você precisa compreender como foi projetado para funcionar.
3. Você precisa saber qual é seu propósito.
4. Você precisa entender seus recursos.
5. Você precisa ter o ambiente adequado.
6. Você precisa colocar seu potencial em ação.

Princípios

1. Você veio de Deus.
2. Você compartilha a natureza e a essência de Deus.
3. Você morrerá, a menos que permaneça ligado a Deus.
4. Seu potencial é determinado pelo potencial de Deus.
5. Deus lhe deu a capacidade de realizar seu potencial.
6. Você pode fazer o que Deus pede. Ele não pediria se não tivesse dado a você o poder para realizar o que ele pede.

Como liberar seu potencial?

Não leve para a sepultura o potencial que você carrega dentro de si. Libere seu potencial.

1. Complete:

   A. Aquilo a que Deus dirige a palavra é a _______________ daquilo que ele cria.

   B. A _______________ se tornou a fonte para as plantas.

   C. As _______________ se tornaram a fonte para os peixes.

2. Responda:

   A. Todas as coisas possuem os mesmos _______________ e a mesma essência que compõem suas fontes.

   B. Para onde as criaturas de Deus vão quando morrem? ______

   C. Quando um peixe morre, ele volta para o _______________.

   D. Quando o homem morre, para onde ele vai? ______________

3. Complete:

   A. Todas as coisas precisam ser _______________________ por suas fontes.

   B. Peixes retirados da água _______________.

C. O ser humano afastado de Deus ______________.

4. Responda:

A. O potencial de todas as coisas está vinculado a suas _________.

B. Um solo empobrecido leva a colheitas ______________.

C. Ao potencial de quem seu potencial está vinculado? _______ __________

5. Responda:

A. Tudo na vida tem o potencial de _________ seu _________.

B. Quem conhece seu propósito? ______________________

6. Responda:

A. O potencial é determinado e revelado pelas ___________ por seu criador.

B. Um produto será capaz de fazer o que foi definido pelo fabricante? Explique.

____

____

____

C. Você tem condições de realizar aquilo para o qual Deus o está chamando? Explique.

____

____

____

7. Responda:

A. Parte da garantia de compra de um produto está baseada em um ______________ com aquele de quem você comprou o produto.

B. Quem é seu Fabricante? ____________________

C. A chave fundamental para liberar seu potencial é ________

8. Complete:

A. Para liberar seu potencial, você precisa compreender como Deus o projetou para ________________

B. Para liberar seu potencial, é preciso aprender a funcionar pela ____________, de acordo com as especificações de Deus.

9. Responda:

A. O que faz o fabricante em primeiro lugar depois de apresentar um produto novo?

____

B. Verdadeiro ou falso? Deus tinha um plano e um propósito para sua vida antes de você nascer. ____________

C. Ao descobrir ____________ para sua vida, você pode liberar seu potencial.

10. Responda:

A. Quais especificações estão incluídas no padrão de Deus para você?

____

____

B. Verdadeiro ou falso? Nosso potencial fica preso quando descobrimos os recursos que Deus nos propiciou. __________

11. Responda:

A. Para liberar seu potencial, é preciso ter o correto _________.

B. Por que Deus colocou Adão e Eva no jardim do Éden?

____

____

C. O que contaminou o ambiente do homem? ____________.

12. Verdadeiro ou falso? Seu potencial pode ser liberado quando você coloca em ação seus pensamentos, planos e ideais. __________.

13. Circule a alternativa:

A. Se estiver enfrentando situações que travam seu potencial, você deve fugir delas / permanecer nelas.

B. Verdadeiro / falso. Muito do potencial emergente morre por falta de cultivo.

14. Responda:

A. ______________ tem a intenção de destruir seu potencial.

B. Como ele destrói seu potencial?

____

____

15. A liberação do nosso potencial depende da aplicação na hora de proteger nossos __________, __________ e __________ das influências negativas.

16. Como seu potencial pode ser ampliado e elevado ao máximo?

____

____

17. Para obter um jardim frutífero, é preciso conhecer e compreender as leis da ______________.

18. Verdadeiro ou falso?

A. Um jardineiro tem liberdade para ignorar essas leis. _______

B. Um jardineiro tem o poder de remover as consequências de suas ações. _____________

19. Responda:

A. Deus lhe deu liberdade e poder para elevar seu potencial ao máximo? Explique.

____

____

____

B. Verdadeiro ou falso? Temos poder para sonhar, planejar e imaginar. ______________

20. Complete os itens:

Dons / capacidades que você tem:

1. ____
2. ____
3. ____
4. ____
5. ____

Você está usando esses dons / capacidades para ajudar outras pessoas? (Sim / Não)

1. ____
2. ____
3. ____
4. ____
5. ____

Maneiras de compartilhar seus dons / capacidades com mais eficiência:

1. ____
2. ____

3. ____________________

4. ____________________

5. ____________________

Você precisa saber e compreender como foi projetado para funcionar.

Capítulo 5

A chave principal

Você foi criado para liberar o potencial de Deus. A fonte de um recurso determina seu potencial.

O potencial é determinado e liberado pelas exigências feitas pelo criador desse potencial. Tais exigências fundamentam-se no projeto e nos componentes que o fabricante utiliza para criar o produto. Assim, quando um inventor demanda alguma ação do invento, ele não exige nada além da capacidade que já está instalada naquele invento.

O impacto da fonte sobre seu potencial

Deus projetou você para liberar seu potencial e elevá-lo ao máximo. Mas isso só é possível se você estiver vinculado à sua Fonte. Por quê? Porque a fonte de um produto determina os componentes, a essência e a natureza do produto. Independente da fonte, um produto não consegue descobrir o que se espera dele nem quais são as funcionalidades definidas no projeto. Deus, que é fonte e criador, estabeleceu antes de seu nascimento quem você seria, como você agiria, porque a vida lhe seria concedida, e de que você precisaria para viver de maneira plena e produtiva. Longe dele, você nunca compreenderá nem liberará seu potencial, porque Deus é como um invólucro para seu potencial.

Sua Fonte, seu Criador, determina quem você é

Quando você se tornou cristão, Deus mudou seu nome. Ele disse: "Sei que você não se está comportando como um dos meus filhos, mas você é meu filho. A enrascada em que você está metido é apenas uma condição temporária. Agora que o seu e o meu Espírito se reconectaram, posso trabalhar com você para que seu comportamento seja compatível com sua natureza. A pessoa que você tem sido não é a pessoa que você é". O salmista testifica essa realidade.

> [Deus] disse: Vocês são deuses, todos vocês são filhos do Altíssimo (Salmos 82.6).

Deus não disse que somos deuses porque está tentando elevar nossa condição. Ele está afirmando um fato. O apóstolo Pedro, em sua segunda carta, amplifica este conceito.

> Seu divino poder nos deu tudo de que necessitamos para a vida e para a piedade, por meio do pleno conhecimento daquele que nos chamou para a sua própria glória e virtude. Dessa maneira, ele nos deu as suas grandiosas e preciosas promessas, para que por elas vocês se tornassem participantes da natureza divina e fugissem da corrupção que há no mundo, causada pela cobiça (2Pedro 1.3,4).

Quando Deus criou os seres humanos, sua intenção era que compartilhássemos *sua natureza divina*. Isso continua sendo sua intenção, apesar de o pecado ter acobertado essa natureza. Assim, Pedro nos incentiva a viver à altura da nossa natureza divina, pois, se funcionarmos de acordo com a natureza de Deus, estaremos livres de todas as tentações e pressões que nos afrontam diariamente. Deus nos projetou para sermos santos, bons e perdoadores, porque isso caracteriza a natureza dele, da qual nós somos participantes. Quando nos reconectamos com Deus, naturalmente temos o poder de ser tudo o que ele é.

Você sabe o que levou Jesus a se encrencar com as autoridades religiosas? Ele era natural demais! Ele não seguia todas as regras que os líderes judeus usavam para julgar a espiritualidade e, mesmo assim, teve a audácia de dizer: "Eu e Deus somos íntimos". Jesus vivia naturalmente na perspectiva de Deus.

Espera-se que você seja naturalmente como sua Fonte é. Os mandamentos de Deus não exigem que você viva sobrenaturalmente, mas naturalmente. Se você é cristão, sua maneira natural de funcionar é a mesma de Deus, pois você veio dele e o produto sempre tem a natureza de sua fonte. É por isso que Deus não se impressiona quando você não usa drogas e não alimenta pensamentos impuros, quando doa com generosidade, jejua ou ora. Deus espera que você aja e pense como ele faria, pois ele é sua fonte e criador, e você é filho dele.

Os mandamentos de Deus não exigem que você viva sobrenaturalmente, mas naturalmente.

Sua Fonte, seu Criador, determina o que você é capaz de fazer

Aquilo que você é capaz de fazer está ligado a seu local de origem. Deus está falando sério quando diz: "Sem mim vocês não podem fazer coisa alguma" (João 15.5). Não é uma questão de ser espiritual; é bom senso puro e simples. Deus o criou, Deus o fez. Você teve origem nele. Portanto, a qualidade de suas capacidades é definida pelas capacidades de Deus. Se você quer saber o que é capaz de fazer, descubra o que Deus é capaz de fazer.

Deus, que é onipotente, criou você para compartilhar com ele seu potencial. Quando Deus tirou você de dentro dele, automaticamente lhe deu a capacidade de ser criativo e imaginativo. Você compartilha o potencial de Deus para planejar, projetar e fazer com que sonhos virem realidade. Deus tem muito mais projetos, ambições e propostas do que você imagina. Ele é o Deus do impossível. Mas ele associou a revelação de seu potencial aos sonhos e aspirações que você tem e às orações que você faz. É por isso que Deus está constantemente desafiando você a pedir-lhe o que é impossível. O possível não tem graça para Deus. Ele já realizou o que é possível. São as ideias, os planos e os objetivos que o mundo ainda não viu que Deus quer completar.

Mas ele associou a revelação de seu potencial aos sonhos e aspirações que você tem e às orações que você faz.

Você é a chave para a expressão criativa de Deus. Você consegue fazer qualquer coisa que Deus pedir, porque seu Criador nunca pedirá nada que esteja além do que já está encravado em você. Deus está dizendo a *você*: "Vá em frente. Imagine qualquer coisa que você queira. Não há nada que você consiga imaginar que eu ainda não tenha imaginado. Eu preciso que sua imaginação demande minha ação. Seu potencial está ligado ao meu potencial, e eu sou onipotente".

Sua Fonte, seu Criador, determina como você atua

Deus se revela quando nos ordena pedir a ele aquilo que sabemos ser impossível a qualquer outra pessoa. É correto pedir a Deus algo que já o vimos fazer, mas ele quer fazer muito mais que isso. Deus ama a fé. É a maneira divina de atuar. Também é a sua. Deus o projetou para funcionar como ele funciona. Ter fé é andar por domínios nos quais você pede a Deus o que já existe nele e o que ninguém ainda viu.

É correto pedir a Deus fazer algo que já o vimos fazer, mas ele quer fazer muito mais do que isso.

Você está em uma enrascada da qual ninguém jamais escapou? Você tem um problema que ninguém jamais solucionou? Você está em uma situação tão desconcertante que não sabe qual caminho seguir? Você é o candidato perfeito, por meio de quem Deus deseja revelar sua glória.

Eu costumava andar por aí dizendo: "Bem, se ele fez isso para ela, também fará para mim". Já não digo mais essas coisas. Agora sei que Deus fará por mim algo que nunca fez antes. A riqueza do potencial de Deus é eterna. Nada do que existe foi criado sem ele.

Deus recebe glória quando você demanda suas ações. Se quiser dar glória a Deus, faça-o realizar coisas que ele ainda não realizou. Arrisque-se e estenda sua fé. Você foi criado para funcionar dessa maneira. Sem fé, não se pode agradar a Deus (v. Hebreus 11.6). Deus pede a você que atue como ele atua, e ele atua pela fé.

Sua Fonte, seu Criador, determina a razão de sua existência

Você nunca saberá qual é seu propósito a menos que se dê conta de por que Deus o criou. Só Deus conhece seu propósito, pois ele o determinou ao lhe conceder a vida. Você não é um acidente. O salmo 139 mostra como Deus viu seu corpo ainda em formação e contou os dias antes que você respirasse pela primeira vez. Antes que você nascesse, ele decidiu o que queria que você conquistasse.

O direcionamento de que você precisa para viver uma vida satisfatória e recompensadora não se encontra em sua família, professores, patrão, pastor ou colegas de trabalho. Eles são criaturas iguais a você. Eles não podem dizer qual é a razão do seu nascimento, pois não estavam lá quando Deus colocou seu espírito dentro do seu corpo. Eles não tiveram uma visão privilegiada dos pensamentos e das intenções de Deus. *A única maneira de descobrir seu propósito é por meio do relacionamento com aquele que o criou.* Os desejos originais de Deus para você moldam seu potencial, pois ele o projetou com esmero para você realizar as ações que ele demandará. Liberar a totalidade do seu potencial demanda que você busque a Deus continuamente, enquanto compreende o que ele tinha em mente quando definiu os planos para sua vida.

Sua Fonte, seu Criador, determina os recursos de que você precisa para otimizar seu desempenho

Jesus conta a história de um homem que estava viajando. Antes de sair de casa, o mestre chamou seus servos e deu a cada um deles uma porção de seus recursos. Ao retornar, pediu a cada servo que prestasse contas do que havia recebido. Embora o mestre não achasse que os servos teriam recursos iguais quando retornasse, esperava que eles tivessem usado os recursos e aumentado os bens que lhes haviam sido confiados (v. Mateus 25.14-30).

Deus definiu os recursos de que você precisa para ter uma vida feliz e produtiva, pois ele é o único que sabe do que você precisa para satisfazer as exigências que lhe serão feitas. Se você compara constantemente seus recursos com os de outras pessoas, ficará cego para a riqueza daquilo que Deus confiou a você, e para as tarefas que ele quer vê-lo cumprindo com os recursos de que dispõe. Liberar totalmente seu potencial é algo que demanda um exame minucioso da sua vida, para assim identificar os valores que Deus lhe deu e o propósito que ele teve ao lhe dar esses recursos. Deus não confiará a você mais recursos enquanto você não utilizar com sabedoria aqueles que já recebeu.

Deus não confiará a você mais recursos enquanto você não utilizar com sabedoria aqueles que já recebeu.

Sua Fonte, seu Criador, determina as condições necessárias para otimizar seu desempenho

Seu Criador, sua Fonte, é o único que está qualificado para definir qual é o ambiente ótimo para você. Ele usa seus mandamentos e sua lei para isso. A lei de Deus determina os elementos que compõem o ambiente ideal e estabelece os requisitos necessários para um crescimento consistente e saudável. *Os mandamentos de Deus ajudam você a manter seu ambiente.* Eles servem como indicadores de como anda sua saúde e das condições do seu ambiente. Seu bem-estar depende de você compreender as leis de Deus e obedecer a seus mandamentos. Você não pode se dar ao luxo de quebrar os mandamentos de Deus porque a desobediência contamina o ambiente, o que emperra seu potencial e o impede de ser liberado.

Você tem o potencial para realizar grandes façanhas para Deus. Mas, caso você fracasse em manter o ambiente que Deus determina, nada acontecerá na sua vida. Não importa quanto você se vanglorie a respeito do que é capaz de fazer, do que gostaria de fazer, de quanto pode enxergar, sonhar e imaginar: se os requisitos de Deus não forem satisfeitos, você não trará à luz seu verdadeiro eu!

Sua Fonte, seu Criador, determina os métodos pelos quais você realiza seu potencial (fazendo aquilo que você foi projetado para fazer)

Deus não quer apenas dividir com você os planos que tem para sua vida, também quer que você compreenda a variedade de experiências que ele considera necessárias para que você seja eficiente ao realizar esses planos. Muitas pessoas experimentam uma coisa atrás da outra quando buscam o significado na vida. Vão de um emprego a outro, de uma igreja a outra, de uma cidade a outra, e de um cônjuge ao próximo. Quando a situação começa a ficar difícil, elas partem para outra. Nunca se apegam por tempo suficiente para progredir.

Jesus conta a história de uma mulher que varreu sua casa e procurou com atenção até encontrar a moeda que tinha perdido (v. Lucas 15.8-10). Ela não se limitou a sentar numa cadeira e lamentar sua perda: ela se levantou e trabalhou até encontrar a moeda. Ela traduziu seu desejo em um plano, e seu plano a levou à ação. Liberar seu potencial demanda que você se apegue a alguma coisa até fazer esse algo acontecer. Não basta só ficar pensando no que Deus deseja de sua vida, é preciso levantar-se e agir.

O trabalho é o método que Deus estabeleceu para liberar o potencial divino. A história da criação nos conta que Deus trabalhou com tanto afinco para criar o mundo que ficou cansado quando terminou sua obra. Pelo fato de você ter-se originado em Deus, você também precisa trabalhar para trazer à luz todas a joias que estão ocultas em sua vida. Deus definiu que o trabalho é uma prioridade e que ele traz a sensação de realização e contentamento. *Deus projetou você para, com empenho, pôr em prática seu potencial.*

Uma lição aprendida com a Sony

A Sony é uma empresa japonesa que produz equipamentos eletrônicos. Quando você compra um equipamento da Sony, vê um livreto com os dizeres "Instruções de Operação" na parte superior da caixa. Junto com o manual de instruções, há uma pequena tira de papel com a frase "Leia as instruções atentamente antes de desembalar ou operar este aparelho". A Sony deseja que você aproveite ao máximo seus produtos. Por isso, a empresa quer que você se familiarize com a qualidade e as funcionalidades do aparelho *antes de usá-lo*. Se você não ler o manual antes, nunca notará a alta qualidade nem o desempenho máximo que a Sony embutiu no equipamento.

O mesmo vale para o equipamento extremamente sofisticado que Deus projetou, que recebe o nome de ser humano. Você só alcançará o desempenho ótimo se, antes de qualquer coisa, verificar o que está escrito no manual de instruções. A Bíblia é o manual de Deus sobre o ser humano. Você não consegue operar adequadamente enquanto não se inteirar de todos os recursos que Deus lhe conferiu.

Uma das primeiras páginas do manual da Sony traz o "Registro do Proprietário". Essa página ensina você a *localizar o número de série do equipamento*, que fica na parte traseira do aparelho, dentro do compartimento da bateria, e a *copiar esse número em um espaço reservado.*

O número de série de um produto o distingue de todos os outros equipamentos da mesma marca e modelo. No dia em que você convidou Jesus para viver em seu coração, você começou uma jornada que é singular, só sua. Seus traços de personalidade e suas experiências de vida influenciaram aquele momento de decisão e toda sua vida em Cristo a partir daquele dia. Ninguém precisava de Jesus da mesma maneira que você precisava. Ninguém mais pode experimentar a presença de Cristo, e o perdão que ele dá, da mesma maneira que você experimentou. Anote o dia da sua salvação na primeira página da sua Bíblia. Faça algumas observações a respeito da diferença que essa decisão causou em sua vida. Depois disso, continue verificando seus progressos registrando em um diário observações sobre seu crescimento. Sua história com Deus é singular. Mantenha seu número de série sempre ao alcance da mão.

As primeiras páginas do manual da Sony também incluem uma lista de especificações. Essa lista detalha cada parte do equipamento e informa o que fazer caso determinadas peças precisem de substituição. Essas instruções sempre incluem a frase. *Se for necessário fazer manutenção, por favor leve ou envie esse produto a uma assistência autorizada, que só usa peças genuínas da Sony.*

A Bíblia traz detalhes sobre suas especificações. Deus projetou você para ser cheio do Espírito Santo. Se você for tomado por um espírito demoníaco, ou por outro espírito imundo, deixará de funcionar conforme as intenções de Deus. É por isso que uma pessoa sem Deus é uma pessoa perigosa. É, literalmente, alguém desequilibrado. Embora uma pessoa possa ter boas maneiras, se seu espírito for desviado, seu comportamento refletirá seu espírito, cedo ou tarde.

Uma pessoa sem Deus é uma pessoa perigosa.

Nunca confunda comportamento com regeneração. Seu comportamento resulta da conversão de seu modo de pensar. A regeneração é a origem dessa conversão. Não se pode exigir retidão de um espírito ímpio. É por isso que Deus dá seu Espírito quando você retorna a ele. É impossível obter um comportamento apropriado sem o Espírito Santo, porque a maneira como você funciona se origina da natureza de seu espírito. Se você quiser funcionar de acordo com o amor, é necessário ter o Espírito, que é a fonte do amor.

O manual da Sony também apresenta uma lista das *funcionalidades* que o fabricante colocou no equipamento. As características especificadas pela Sony para um gravador de fitas, por exemplo, podem incluir um sistema de gravação controlado por voz, um conector auxiliar para microfone, uma fonte para quatro voltagens, além de controles que determinam a velocidade de *playback* e funções de verificação.

Deus o criou com determinadas funcionalidades, que estão definidas e explicadas no manual de operação que ele escreveu. Você tem corpo, alma e espírito. *Se quiser funcionar usando todo seu potencial, é preciso estudar cuidadosamente de que maneira cada uma dessas funcionalidades foi projetada por Deus.* Existem determinadas leis que regulam cada funcionalidade. Se você desconsiderá-las, não conseguirá operar corretamente.

A Sony também dá detalhes sobre precauções que devem ser tomadas na operação do equipamento. São as coisas que não devem ser feitas e que precisam ser evitadas para desfrutar o máximo de qualidade e o melhor desempenho do aparelho. O livreto pode trazer advertência para você não abrir o equipamento e se dirigir a uma assistência autorizada se o equipamento apresentar algum defeito. Também adverte sobre coisas que podem impedir o aparelho de fazer a gravação.

Quando Deus criou o ser humano, ele o colocou em um belo jardim e lhe deu autoridade sobre tudo o que ali estava. Então Deus avisou sobre uma *precaução*: "Você pode comer de todas as árvores do jardim, com exceção dessa árvore. Se comer do fruto dessa árvore, você morrerá". *A advertência de Deus foi um ato de amor.* Ele queria poupar o ser humano das punições, que são o pecado e a morte. Mas o ser humano não respeitou a advertência de Deus. Ainda estamos vivendo as consequências dessa desobediência.

Se Deus advertir você, não fique contra só para ver o que vai acontecer. *A advertência sempre indica as consequências de ações específicas.* Depois da desobediência, sempre vem a avaliação da penalidade.

Por fim, o manual de operação descreve a *garantia do fabricante* e as exceções que não são cobertas pela garantia. A garantia do fabricante diz que o produto pode ser devolvido para conserto ou substituição caso apresente defeito durante a vigência da garantia. No entanto, se você não cumprir os termos da garantia, a Sony já não é responsável pelo equipamento. Você é o responsável. Essas limitações se referem principalmente à operação, ao ambiente e à manutenção do aparelho.

A garantia de Deus inclui uma cláusula de graça. Ele ajunta seus cacos e lança fora o que veio de Satanás. Embora isso possa durar anos, Deus continuará trabalhando no seu banco de memória até que sua mente esteja limpa e sua vida transformada. Agradeça a Deus por sua graça. Ele cobrirá todos os custos para consertá-lo, desde que você vá à revenda certa. Mas não fique achando que Deus vai consertá-lo se você solicitar o reparo a Satanás.

Não fique achando que Deus vai consertá-lo se você solicitar o reparo a Satanás.

A última coisa que a Sony informa no manual de operação é para você *guardar o manual para referências futuras*. Em outras palavras, não jogue sua Bíblia fora. Você precisa do manual para responder às perguntas de operação que encontrará no dia-a-dia. Você pode ter seu funcionamento milhares de vezes melhorado. Portanto, não se livre do manual escrito por Deus. A Bíblia contém as respostas para uma vida produtiva e realizada.

O Deus onipotente é sua fonte, seu criador. O manual que ele escreveu dá detalhes sobre requisitos, orientações e advertências das quais sua vida depende. Deus não depende de você. Ele continua vivo sem você. Mas você depende dele. Você precisa dele para encontrar a verdadeira vida. O relacionamento com Deus, por meio de Jesus Cristo, seu Filho, é o portal para uma vida plena e rica. Ele é a chave principal para compreender e liberar seu potencial. Conhecer a Deus, e conhecer as intenções que ele tem para você, é o fundamento de uma vida efetiva.

Princípios

1. Deus quer que você participe da sua natureza divina.
2. Você é a chave para a expressão da criatividade de Deus.
3. Deus o projetou para operar por meio da fé.
4. Deus tem um plano para sua vida.
5. Você precisa ter um relacionamento com o Criador para descobrir qual é seu propósito.
6. Você possui potencial para realizar coisas grandiosas para Deus.
7. O trabalho é o método que Deus estabeleceu para liberar seu potencial.
8. A Bíblia é o manual de Deus que fala a seu respeito. Você precisa conhecer a acatar os requisitos, as orientações e as advertências que ela contém.

A chave principal

Você foi criado para liberar o potencial de Deus. A fonte de um recurso determina seu potencial.

1. Como o potencial é definido e liberado?

____

____

2. Verdadeiro ou falso? Um inventor pode ter a expectativa de que seu invento demonstre o potencial nele encravado. __________

3. O que Deus definiu antes de você nascer?

A. ______________________________

B. ______________________________

C. ______________________________

D. ______________________________

4. Se participarmos da natureza divina, de que nos livraremos?

____

____

5. Verdadeiro ou falso? Espera-se que você *naturalmente* tenha afinidade com sua fonte. ______________

6. Deus diz: "Sem mim ______________________".

7. Responda:

   A. De que maneiras você compartilha o potencial de Deus? ___
   ____

   B. Deus vinculou a revelação de seu potencial a seus ________
   ____

8. Verdadeiro ou falso? Deus ama a *fé* e quer que você a use.

9. Sua ______________, seu ______________, determina os recursos de que você precisa para um desempenho ótimo.

10. Considerando Mateus 25.14-30, de que maneira o senhor esperava que os servos lidassem com a propriedade que lhes havia confiado?
    ____
    ____

11. Responda:

   A. Devemos comparar os recursos que temos com os recursos de outras pessoas? Explique.
   ____
   ____

   B. Deus não confiará a você mais recursos enquanto não
   ____
   ____

12. Para liberar totalmente nosso potencial, precisamos examinar minuciosamente nossa vida para identificar:

   A. ____

   B. ____

13. Responda:

A. Quem determina as condições de que você precisa para obter um desempenho ótimo?

____

____

B. Como isso é determinado?

____

____

14. Como isso afeta seu potencial?

A. Obediência aos mandamentos de Deus:

____

____

B. Desobediência aos mandamentos de Deus:

____

____

15. Responda:

A. A mulher em Lucas 15.8-10 traduziu seu *desejo* em *ação* por meio do ______________

B. Que método Deus quer vê-lo usando para que *seu* potencial seja liberado? ______________

16. Verdadeiro ou falso?

A. Você deve ler o manual de instruções antes de operar um aparelho. ______________

B. Você deve operar o aparelho e só ler o manual de instruções quando estiver com problemas. ______________

17. Por que uma pessoa sem Deus é perigosa?

____

____

18. Responda:

A. Deus projetou você com quais funcionalidades especiais?

1. ________________________________

2. ________________________________

3. ________________________________

B. Onde estão explicadas essas funcionalidades?

19. Por que Deus nos faz advertências?

20. Responda:

A. Quais áreas da sua vida precisam de reparos?

B. A garantia que Deus dá é válida para essas áreas da sua vida? Explique.

A Bíblia é o manual de Deus que dá instruções a seu respeito. Você precisa conhecer e atender aos requisitos, às orientações e às advertências que ela contém.

Capítulo 6

Conheça sua fonte

Sua capacidade depende de como você responde à capacidade de Deus.

Os princípios fundamentais que se aplicam ao potencial de todas as coisas também se aplicam ao seu. Deus, sua fonte, seu Criador, é quem define seu potencial. Como você se originou em Deus e compartilha sua essência e seus aspectos constituintes, só ele conhece seu valor e seu potencial.

Só Deus Conhece seu valor e seu potencial

Ao longo da história humana, Deus buscou superar a cegueira causada pelo pecado. Ele observa com tristeza as pessoas diminuindo seu potencial e alimentando dúvidas a respeito de sua dignidade. Deus chora com as pessoas e por causa delas, pois tropeçam sozinhas, sem notar as diversas maneiras pelas quais ele afirma e confirma o valor que deu a elas quando as criou.

Os limites daquilo que Deus pode realizar por meio de você foram estabelecidos antes de você nascer. Ele planejou seus dias antes mesmo de você ter começado a vivê-los (v. Salmos 139.16). Deus quer que você enxergue a si mesmo, assim como a suas capacidades, com os olhos dele. Ele vê muito valor em você e incentiva zelosamente cada passo que você dá na direção de seus talentos e capacidades, mesmo que seja uma pequena parte deles. Deus acredita em você. A Bíblia diz muito a respeito do seu valor pessoal e de suas capacidades singulares.

O que diz a Palavra de Deus a respeito do seu valor

A Bíblia é a história da interação de Deus com o homem. Contém muitas promessas feitas por Deus a seu povo, assim como as exigências que Deus faz àqueles que vivem em comunhão com ele. A Bíblia também revela como Deus enxerga os seres humanos e suas capacidades. Deus, ao enviar seu Filho, mostrou o valor que ele nos dá. A disposição de enviar Jesus para morrer por nossos pecados é a prova de quanto valemos.

Quando você vai a uma loja comprar alguma coisa, o preço do produto já está nele. O valor da mercadoria foi definido bem antes de você resolver comprá-lo. Quando o tribunal do universo exigiu saber quanto a humanidade valia, o valor da alma humana foi o mesmo da morte de Deus. Não estou dizendo que o valor da morte de Deus é igual ao valor da alma humana. Estou dizendo que a alma humana tinha um valor equivalente à morte de Deus. Em outras palavras, Deus disse: "Seja qual for o preço para restaurar a comunhão com homens e mulheres, eu pagarei esse preço". O que dá valor ao item não é o que se paga por ele, mas quanto ele custa.

O que dá valor ao item não é o que se paga por ele, mas quanto ele custa.

Você compreende qual é o seu valor? Você equivale ao valor da sua Fonte. Você tem o mesmo valor que o Deus do qual você se originou! Deixe de se sentir mal por causa do baixo valor que as pessoas dão a você. Você é especial. Você merece sentir-se bem. A Palavra de Deus a respeito do seu potencial é a única avaliação que conta. Você não é o que seu professor, seu cônjuge, seus filhos ou seu chefe dizem que você é. *Você tem tanto valor quanto Deus, tem tantas habilidades quanto Deus tem.* Para liberar plenamente seu potencial, você precisa entender e aceitar o valor que Deus lhe deu, e também a confiança que ele deposita em suas capacidades.

A Palavra de Deus a respeito do seu potencial

Assim como é Deus quem define seu valor, também ele é o único que está qualificado para determinar o alcance do seu potencial. As possibilidades que residem em você dependem de Deus, pois o potencial de algo sempre é determinado pela fonte da qual ele se originou. Assim como o potencial de uma mesa de madeira é determinado pela resistência da árvore usada para fazê-la, seu potencial é determinado por Deus, porque você teve origem nele. A Palavra de Deus contém diversas afirmações que definem com clareza a avaliação que Deus faz do seu potencial.

VOCÊ ESTÁ NA MESMA CATEGORIA QUE DEUS PORQUE É ESPÍRITO

Você se lembra do processo pelo qual Deus criou o mundo? Em primeiro lugar, Deus decidiu o que queria criar; depois decidiu o material que usaria na criação; então dirigiu a palavra ao material que usaria para criar; por fim, o que ele pronunciou veio a existir a partir do material ao qual ele dirigiu sua palavra. Por exemplo, quando Deus quis animais, ele dirigiu a palavra à terra porque queria que os animais fossem feitos de terra. Obviamente, Deus não queria que eu e você fôssemos feitos de terra, água ou de gases, porque não dirigiu a palavra ao solo, nem à água, nem ao ar. Ele, que é Espírito, disse a si mesmo:

> Então disse Deus: "Façamos o homem à nossa imagem..." (Gênesis 1.26).

A fonte à qual Deus dirigiu a palavra quando criou o homem mostra que Deus queria que fôssemos como ele é.

Se examinarmos melhor a história da criação do homem, tal como relatada nos capítulos 1 e 2 de Gênesis, descobriremos que Deus usou dois tipos de operação quando chamou o mundo à existência. Ele *fez* coisas e *criou* coisas. A palavra hebraica usada para "fazer" é *asah*, que significa "dar forma a partir de algo que já existe". *Bara*, a palavra hebraica para "criar", significa "dar forma a partir do nada". É interessante que se diga em Gênesis 1.26: "**Façamos** o homem à nossa imagem... " e que o versículo seguinte diga: "**Criou** Deus o homem à sua imagem". Duas operações foram realizadas na criação do homem. Deus *criou* o homem a partir do nada, ou seja, a partir de si mesmo, e então formou a habitação do homem a partir do pó da terra. Depois que terminou a habitação do homem, Deus tomou o que tinha criado e o colocou dentro do que tinha feito. Portanto, o homem veio de Deus, e é espírito assim como Deus é Espírito. A habitação, que é o corpo, se deteriorará e voltará ao pó de onde veio. O espírito, que é sua verdadeira essência, viverá para sempre, porque espíritos não morrem. Você é participante do Espírito eterno de Deus, junto com todos os sonhos, aspirações e desejos que ele contém.

Você pode funcionar como Deus funciona

Deus nos criou para funcionar como ele funciona:

> Então disse Deus: "Façamos o homem à nossa imagem, conforme a nossa semelhança..." (Gênesis 1.26).

A palavra hebraica traduzida para *semelhança* significa "funcionar como", em vez "ter a mesma aparência". O projeto original de Deus para o ser humano requer que ele funcione como Deus funciona.

Quando Adão e Eva romperam o relacionamento inicial, Deus os cegou para não perceberem sua maneira natural de funcionar. Desde então, homens e mulheres têm encontrado dificuldade para saber como devem agir. Em vez de cooperar com Deus, vivemos em oposição a ele, obedecendo às influências das forças satânicas.

Como Deus funciona?

Deus funciona pela fé. A luz em meio às trevas não estava à vista antes de Deus chamá-la à existência, mas ele acreditava que a luz estava presente nas trevas e, pela fé, ele a fez surgir. A fé não é um salto no escuro. É uma caminhada na luz. Ter fé não é adivinhar, é saber algo.

A fé não é um salto no escuro. É uma caminhada na luz. Ter fé não é adivinhar, é saber algo.

Deus criou você e o moldou para funcionar pela fé. Ele o projetou para acreditar no invisível que se torna visível. Talvez você não esteja vendo o que Deus está trazendo à luz na sua vida, mas Deus pede a você que acredite nisso. Ele o criou de maneira a funcionar como ele funciona. Se você não está funcionando como Deus funciona, então está funcionando mal. O manual diz: "O justo viverá pela fé" (Romanos 1.17) e "tudo o que não provém de fé é pecado [os padrões e expectativas do Fabricante não são atingidos]" (Romanos 14.23).

Você pode dominar, governar e subjugar a terra

A perspectiva de Deus a respeito do seu potencial também mostra que temos o poder de dominar e subjugar a terra.

> Então disse Deus: "Façamos o homem à nossa imagem, conforme a nossa semelhança. Domine ele sobre os peixes do mar, sobre as aves do céu, sobre os grandes animais de toda a terra e sobre todos os pequenos animais que se movem rente ao chão" (Gênesis 1.26).

O que significa dominar sobre a terra? Significa que a terra não nos deve governar nem nos controlar. Se você tiver o vício de fumar, está sendo controlado por uma folha de tabaco. Se estiver viciado em bebidas alcoólicas, está sendo controlado por cereais. Folhas e cereais são a terra. Deus criou *você* para dominar a *terra*, não a terra para dominá-lo. Se você estiver sob controle de algum vício, está submetendo-se às coisas que Deus ordenou que dominássemos.

O apóstolo Paulo confirmou a intenção de Deus para o homem quando escreveu:

> Esmurro o meu corpo e faço dele meu escravo, para que, depois de ter pregado aos outros, eu mesmo não venha a ser reprovado (1Coríntios 9.27).

Paulo está dizendo para usarmos a cabeça. Existem coisas na terra que o dominarão caso você permita que elas controlem seu corpo. Ele estende esse princípio em 1Coríntios 6.12:

> "Tudo me é permitido", mas nem tudo convém. "Tudo me é permitido", mas eu não deixarei que nada me domine.

Deus lhe deu o potencial para dominar a terra. Você tem o poder de quebrar a força de qualquer vício que o estiver dominando. O potencial existe, quer você o utilize, quer não. Sua capacidade de liberar plenamente o propósito para o qual Deus o criou depende da sua decisão de *usar* o potencial que Deus lhe deu para controlar aquilo que o tenta subjugar. Se você vai, ou não, exercer o poder que Deus lhe deu, a decisão é sua.

Você pode frutificar e multiplicar

Deus concedeu a cada ser humano o potencial para ser fértil e reproduzir de acordo com sua espécie.

> Deus os abençoou, e lhes disse: "Sejam **férteis e multipliquem-se**! Encham e subjuguem a terra! Dominem sobre os peixes do mar, sobre as aves do céu e sobre todos os animais que se movem pela terra" (Gênesis 1.28).

É verdade que Deus nos deu a capacidade de ter filhos, mas o potencial mencionado nessa passagem é bem maior que a capacidade de gerar filhos. Ele deu a homens e mulheres o potencial para reproduzir o que são. Estamos produzindo a próxima geração.

Que tipo de filhos você está produzindo? Deus deu a você o poder de influenciá-los na direção do bem ou do mal. A próxima geração será de pessoas escarnecedoras, alcoólatras e analfabetas? Ou será justa e reta, buscando ao Senhor e obedecendo a seus mandamentos? Você tem a capacidade de produzir filhos que sejam um espelho da sua vida.

Com planejamento, você pode fazer e ser qualquer coisa

Deus também deu aos seres humanos a capacidade de imaginar, planejar e crer que qualquer coisa se tornará realidade. É um potencial estupendo. A Bíblia revela esse poder quando relata a construção da torre de Babel:

> E disse o Senhor: "Eles são um só povo e falam uma só língua, e começaram a construir isso. Em breve nada poderá impedir o que planejam fazer" (Gênesis 11.6).

Em outras palavras, Deus está dizendo "Se eu não interferir, o homem conseguirá fazer qualquer coisa que imaginar e planejar".

De fato, Deus interferiu na construção da torre, mas não impediu que as pessoas pensassem. Ele fez com que elas não conseguissem mais entender umas às outras. Você tem o potencial para pensar, imaginar, planejar e colocar seu plano em ação. Tudo o que você conseguir passar do pensamento para a ação cabe dentro das suas forças de realização.

Você pode conquistar coisas impossíveis

Em consonância com a capacidade do ser humano para fazer planos e realizá-los, você tem o poder de crer em impossibilidades que viram possibilidades. Jesus disse ao pai do menino tomado por um demônio:

Tudo é possível àquele que crê (Marcos 9.23).

Essa capacidade é uma extensão do potencial que o homem tem de agir como Deus age. O evangelho de Mateus conta uma história de fé, na qual um dos discípulos de Jesus, por alguns momentos, realizou o impossível. Pedro, junto com os outros discípulos, estava em um barco no mar da Galileia quando Jesus se aproximou deles, andando sobre a água. Os discípulos, achando que era um fantasma, gritaram de medo. Depois de Jesus se identificar, o impetuoso Pedro respondeu: "Senhor [...] se és tu, manda-me ir ao teu encontro por sobre as águas" (Mateus 14.28).

Bem, eu e você sabemos que as leis físicas da natureza impediriam Pedro de andar na direção de Jesus. Mas as leis da fé são diferentes. Quando Jesus lhe disse para vir, Pedro saiu do barco e caminhou na direção de Jesus. Foi só quando ele ficou com medo do vento e das ondas que começou a afundar. "Imediatamente Jesus estendeu a mão e o segurou. E disse: 'Homem de pequena fé, por que você duvidou?' " (Mateus 14.31).

Se você for um homem ou uma mulher de fé, tem um poder impressionante para operar pelas leis da fé. As impossibilidades tornam-se possibilidades quando você usa seu potencial.

Você pode influenciar as coisas na terra e nos céus

No tremendo potencial humano também está incluída a capacidade de influenciar as coisas físicas e espirituais. Essa capacidade é um poder imenso que raramente usamos. Jesus mencionou esse poder quando disse a Pedro (depois de o discípulo ter confessado "Tu és o Cristo, o Filho do Deus vivo"; Mateus 16.16):

> Feliz é você, Simão, filho de Jonas! Porque isso não lhe foi revelado por carne ou sangue, mas por meu Pai que está nos céus. E eu lhe digo que você é Pedro, e sobre esta pedra edificarei a minha igreja, e as portas do Hades não poderão vencê-la. Eu lhe darei as chaves do Reino dos céus; o que você ligar na terra terá sido ligado nos céus, e o que você desligar na terra terá sido desligado nos céus (Mateus 16.17-19).

Jesus nos incentiva a olhar além das circunstâncias físicas da vida e enxergar a dimensão espiritual. Se você estiver lidando apenas com os aspectos físicos da sua vida, está deixando de lado o que há de mais autêntico. Olhe para além dos problemas no seu emprego, dos problemas que você tem com seu cônjuge ou na igreja. Olhe para as realidades espirituais que estão debaixo dos problemas superficiais. Diga no nível natural o que você deseja ver acontecendo no nível espiritual. O poder de afetar as duas dimensões está em suas mãos. Você possui as chaves de uma participação efetiva no Reino de Deus, porque toda autoridade nos céus e na terra pertence a Jesus (v. Mateus 28.18), e ele o tornou participante desse poder.

Se você estiver lidando apenas com os aspectos físicos da sua vida, está deixando de lado o que há de mais autêntico.

Você pode receber qualquer coisa que pedir

Durante o tempo em que esteve na terra, Jesus deu aos discípulos um cheque em branco, e prometeu que eles receberiam qualquer coisa que pedissem.

> Portanto, eu lhes digo: Tudo o que vocês pedirem em oração, creiam que já o receberam, e assim lhes sucederá (Marcos 11.24).
>
> Se vocês permanecerem em mim, e as minhas palavras permanecerem em vocês, pedirão o que quiserem e lhes será concedido. Meu Pai é glorificado pelo fato de vocês darem muito fruto; e assim serão meus discípulos (João 15.7,8).

Jesus avisou os discípulos que a evidência de frutos na vida deles seria o indicador de que eram seus discípulos. Também definiu que a chave para dar fruto era a disposição de permanecer em contato com ele. Enquanto você permanecer em contato com seu Criador, sua Fonte, você tem poder para pedir o que desejar e receber o que solicitar. Essa é a promessa de Deus a respeito do seu potencial. Ele aguarda o momento de conceder qualquer coisa que você pedir, desde que suas raízes estejam imersas na sua Palavra e você dê a ele plena autoridade para direcionar sua vida.

Você tem poder para realizar obras maiores que as obrar realizadas por Jesus

Durante seus últimos dias na terra, Jesus passou muito tempo com os discípulos. Ensinou, orou com eles e os incentivou a viver no seu poder. Quando falava sobre sua volta para o Pai, Jesus assegurou aos discípulos que eles dariam continuidade à obra que ele havia começado, pois eles receberiam o mesmo poder que tinham presenciado durante seu ministério (v. Atos 1.8).

> Creiam em mim quando digo que estou no Pai e que o Pai está em mim; ou pelo menos creiam por causa das mesmas obras. Digo-lhes a verdade: Aquele que crê em mim fará também as obras que tenho realizado. Fará coisas ainda maiores do que estas, porque eu estou indo para o Pai. Eu farei o que vocês pedirem em meu nome, para que o Pai seja glorificado no Filho. O que vocês pedirem em meu nome, eu farei (João 14.11-14).

Normalmente medimos as obras pela profundidade da água sobre a qual andamos, ou pelo número de pessoas que alimentamos usando uns poucos bocados de pão. Ou seja, para nós as palavras de Jesus significam que faremos *mais* obras, quando sua intenção não era essa.

Jesus era um homem, em um corpo, e o Espírito de Deus vivia dentro dele. Seu ministério consistia naquilo que ele pôde realizar sendo uma pessoa, dentro de uma área geográfica definida, em determinado momento da história. Depois de morrer e voltar para o Pai, o Espírito de Deus foi derramado sobre milhões de pessoas, não apenas sobre uma. O livro de Atos conta a história desse derramamento do Espírito sobre a igreja primitiva.

Quando Jesus previu que seus discípulos fariam obras maiores que as dele, estava falando do batismo do Espírito Santo e do poder que tal derramamento traria para a vida deles. Se você recebeu Jesus como Salvador, e o

Espírito Santo está operante na sua vida, você tem o potencial para fazer sua parte na comissão da igreja e realizar obras maiores que as de Jesus. *Portanto, obras maiores não se referem a maiores em qualidade, mas em quantidade e dimensão.* Essas obras já não estavam limitadas a um corpo dentro de uma localidade geográfica, mas adquiriram alcance mundial. Que potencial!

Seu potencial depende de Deus

Alguns acreditam que Deus tem medo que peguemos seu emprego. Quando passamos a falar sobre o que faremos para Deus, ou o que sonhamos fazer, algumas pessoas dizem "É melhor não pensar maior que Deus". Bem, realmente não é possível ser maior do que sua Fonte. *Não podemos pensar, planejar ou imaginar algo que seja maior que Deus, porque Deus é a fonte da nossa imaginação.* Parte do potencial de Deus caiu sobre você quando ele o criou à imagem dele. É como possuir um gravador de fitas da Sony, daqueles com diversas funcionalidades. Não se pode cumprir o propósito ou potencial enquanto não se estiver conectado à rede elétrica. O mesmo vale para cada ser humano. Precisamos estar conectados à Fonte.

Então, é imperativo que você compreenda os traços e as qualidades de Deus, assim como as provisões que o habilitam a cumprir o propósito para o qual ele o criou. *Sua capacidade de liberar seu potencial está diretamente relacionada ao conhecimento que você tem de Deus e à sua disposição de permanecer dentro dos parâmetros que ele estabeleceu para o relacionamento com ele.*

Você precisa saber quais são as qualidades e a natureza de Deus

Qualidade é o grau de excelência ou a essência do padrão que torna um produto melhor que outro. A qualidade de um produto não pode ser melhor que a qualidade da fonte desse produto. Não é possível usar maças estragadas para fazer uma torta de maçã apetitosa. A torta mostrará que as maçãs não estavam boas para comer.

A qualidade de um produto também pode ser definida como os atributos ou os elementos característicos que determinam a natureza fundamental do produto. Essas qualidades derivam da natureza fundamental da fonte do produto. Ou, em outras palavras, as coisas que acontecem naturalmente em um produto também acontecem naturalmente no material do qual o produto é constituído.

Os padrões de Deus são os padrões pelos quais sua excelência é julgada, pois você veio de Deus. Da mesma maneira, as características que descrevem a natureza fundamental de Deus também descrevem sua natureza fundamental. Se você quiser saber quais são os padrões para sua vida, dê uma olhada nos padrões de Deus. Se quiser saber quais características ocorrem naturalmente em você, investigue quais são as qualidades inerentes a Deus. Se Deus age com determinado padrão, ou exibe determinada qualidade, esse padrão ou qualidade também é parte integrante da sua vida.

Por exemplo, a fidelidade é uma qualidade de Deus. Portanto, você tem a capacidade de ser fiel. Pelo fato de Deus ter um amor incondicional, você possui a característica do amor, em algum lugar sob toda a raiva que você sente. Pelo fato de Deus ser misericordioso e longânimo, você pode ser misericordioso e longânimo. Todas a qualidades essenciais que determinam quem Deus é e como ele age também determinam quem você é e como você foi projetado para agir. Seu potencial está envolto em Deus, pois as qualidades que ele tem definem as qualidades que você tem. Você só começará a entender e aceitar sua natureza e qualidades depois que entender e aceitar a natureza e as qualidades de Deus.

Um dos principais indicadores da sua qualidade e dos seus padrões está expresso nos mandamentos de Deus. Peça Deus o que pedir, ele sabe que você tem dentro de si o necessário para atender a esse pedido. É por isso que o manual afirma que os "mandamentos [de Deus] não são pesados" (1João 5.3).

Você precisa conhecer as leis de Deus e obedecer aos seus mandamentos

No segundo capítulo de Gênesis, Deus estabeleceu uma lei que tratava do relacionamento de Adão com as árvores do jardim: "... no dia em que dela comer [da árvore do conhecimento do bem e do mal], certamente você morrerá" (Gênesis 2.17). Por causa dessa lei, Deus também ordenou a Adão "coma livremente de qualquer árvore do jardim, mas não coma da árvore do conhecimento do bem e do mal..." (Gênesis 2.16-17). Quando Adão desobedeceu a Deus, trouxe sobre si a realidade da lei que Deus tinha estabelecido. Ele morreu.

Bem, o livro de Gênesis deixa claro que Adão não morreu fisicamente no momento em que desobedeceu. Ele viveu até os 930 anos de idade. A desobediência de Adão causou sua morte *espiritual.*

A morte de uma árvore antiga é uma boa imagem para descrever a natureza da morte de Adão. Quando uma árvore grande é derrubada por um furacão, ela pode resistir durante semanas. Embora suas raízes tenham sido arrancadas do chão e ficado expostas ao ar, as folhas da árvore não ressecam assim que o vento joga a árvore ao chão. A seiva que resta nas raízes continua a subir pelo tronco, dali para os galhos e dali para as folhas. Quando a seiva acaba, as folhas ressecam. Mas, na verdade, a morte da árvore aconteceu quando ela caiu, não quando as folhas deram evidência da morte.

Adão andou durante muitos anos com folhas verdes em uma árvore que não tinha raízes. Ele já estava morto muito antes de seu corpo dar evidências de sua morte. Todas as pessoas compartilham da morte de Adão. A menos que sua vida *finque novamente raízes em Deus* por meio da salvação em Jesus Cristo, sua morte será eterna. Essa é a lei de Deus.

As leis de Deus são muitas e carregam em si consequências naturais. Os mandamentos foram entregues para nosso bem, pois nos advertem que não ignoremos as leis de Deus. Quando Adão quebrou o mandamento de Deus, ele sentiu as consequências naturais dessas leis.

A obediência aos mandamentos de Deus traz suas bênçãos. O capítulo 28 de Deuteronômio — as palavras de Moisés aos filhos de Israel — mostra as promessas de bênçãos divinas àqueles que obedecem a seus mandamentos:

> Se vocês obedecerem fielmente ao Senhor, o seu Deus, e seguirem cuidadosamente todos os seus mandamentos que hoje lhes dou, o Senhor, o seu Deus, os colocará muito acima de todas as nações da terra. Todas estas bênçãos virão sobre vocês e os acompanharão, se vocês obedecerem ao Senhor, o seu Deus (Deuteronômio 28.1,2).

Você tem um potencial ilimitado, desde que compreenda as leis de Deus e proponha, em seu coração, obedecer a seus mandamentos.

Você precisa compreender o potencial de Deus

Em Daniel 11.32 há a promessa: "... mas o povo que conhece o seu Deus resistirá com firmeza". Isso é verdade porque o meu e o seu potencial estão vinculados ao potencial de Deus, e Deus é *onipotente*. A combinação de *omni* (que significa "tudo, todo") e *potent* (que significa "poderoso" — raiz da palavra *potencial*) mostra que Deus é sempre pleno de poder. Ou, em outras palavras, todo potencial está em Deus. Deus solicita que as pessoas façam coisas, e ele tem dentro de si todas essas coisas. Os que compreendem isso não têm medo de fazer coisas grandiosas. O que habilita você a fazer coisas grandiosas não é *o que* você sabe, mas *quem* você conhece.

Deus é Deus, use você ou não o potencial divino. Sua decisão de viver com, ou sem Deus, não muda quem ele é, nem o que ele pode fazer. Deus não diminui de tamanho quando você decide substituí-lo por outras fontes. Deus continua tendo o material necessário para realizar seu potencial.

Deus é Deus, use você ou não o potencial divino.

Quando você combina o conhecimento da onipotência de Deus com o conhecimento de quem você é em Deus, torna-se capaz de resistir a todas as coisas que tentam o sobrepujar e destituir de seu potencial. Você pode ser forte e resistir com firmeza. Deus é a fonte do seu potencial. Ele aguarda o momento de usar o muito que tem reservado para lhe dar as condições de realizar tudo o que pede de você.

Você precisa ter fé em Deus

Se eu lhe der uma árvore e disser que é um abacateiro, toda vez que lhe perguntarem "Que árvore é aquela na frente da sua casa?", você dirá que é um abacateiro. Você ainda não colheu nenhum abacate daquela árvore, mas continua atrevendo-se a dizer que é um abacateiro. Por quê? Porque você deposita fé em mim, e eu disse que é um abacateiro. Você acredita que, em algum lugar daquela árvore, existem diversos abacates. Fé é simplesmente crer e agir com base nas palavras e na integridade de outra pessoa. Ter fé em Deus é crer e agir com base naquilo que ele diz.

As palavras de Jesus, registradas no evangelho de Marcos, nos exortam a ter fé em Deus.

> Respondeu Jesus: "Tenham fé em Deus. Eu lhes asseguro que se alguém disser a este monte: 'Levante-se e atire-se no mar', e não duvidar em seu coração, mas crer que acontecerá o que diz, assim lhe será feito" (Marcos 11.22,23).

O que de fato Jesus está dizendo é "Tenham o tipo de fé que Deus tem". Não tenha fé na sua própria fé, na fé das outras pessoas, nas montanhas nem em qualquer outra coisa que você espera ver acontecendo por causa da sua fé. Deposite-a em Deus, pois é sua fé nele que moverá as montanhas. Não é possível se dirigir à montanha e esperar que ela se mova, a menos que você esteja conectado a Deus. Sem ele, você não tem o poder de completar tarefas monumentais como essa.

Você precisa permanecer apegado a Deus

A carta aos Colossenses descreve Jesus como "a imagem do Deus invisível, o primogênito de toda a criação, pois nele foram criadas todas as coisas nos céus e na terra, as visíveis e as invisíveis..." (Colossenses 1.15,16). Hebreus 1.3 nos diz que "o Filho é o resplendor da glória de Deus e a expressão exata do seu ser, sustentando todas as coisas por sua palavra poderosa". Outra versão diz que Jesus sustenta todas as coisas "pela palavra do seu poder" (*ARA*). A expressão não é *poder da sua palavra*, mas a *palavra do seu poder*. É quando você permanece vivo pela Palavra de Deus que seu poder é liberado em você.

Quando Deus criou as plantas, ele as chamou à existência a partir do solo, estabelecendo assim que as plantas precisam viver com o que encontram no solo. Se a planta viola essa palavra, ela morre. Assim, Deus mantém a planta viva pelo poder de sua palavra. Enquanto a planta subsistir pela lei de Deus firmada na criação, ela floresce e se desenvolve. No entanto, se ela escolher ignorar essa lei, a morte é inevitável.

O mesmo é válido para nossa vida. Quando Deus nos tirou de dentro de si, decretou que nossa vida precisa ser mantida por ele. Enquanto atendermos aos requisitos de Deus, seu poder é liberado dentro de nós e experimentamos uma vida abundante. É por isso que o autor de Hebreus descreve Jesus como a "palavra do seu poder". Há poder na Palavra de Deus se a guardarmos. Jesus, sendo obediente até a morte, liberou para nós o poder da Palavra de Deus que traz vida eterna.

Jesus olha para o mesmo poder de uma perspectiva diferente quando, no capítulo 15 de João, afirma ser a videira, enquanto os discípulos são os ramos. Ele usou a ilustração da videira porque é a única planta que não tem vida nos ramos. Se você corta um ramo de roseira ou de limoeiro, planta-o e cuida dele adequadamente, o ramo brota e vira uma nova planta. Isso não acontece com a videira. Seu ramo não tem vida. Não importa se parece muito fértil ou verde, um ramo tirado da videira resseca e morre.

> Nenhum ramo pode dar fruto por si mesmo, se não permanecer na videira. Vocês também não podem dar fruto, se não permanecerem em mim (João 15.4).

Se você se desligar de Deus, seu potencial é abortado. Não importa quanto esforço você faça para se apegar a outras organizações e atividades, Deus dirá: "Você está morto". Mesmo que você se apegue à *religião*, você está morto, a menos que conheça a Deus e dele retire seus nutrientes.

A necessidade que temos de Deus não é uma alternativa, uma opção. Assim como plantas e animais, que não podem subsistir sem o solo; assim como os peixes, que não conseguem viver fora d'água; *não é possível vicejar e dar fruto longe de Deus.* Quando Jesus diz em João 14.6 "Eu sou o caminho, a verdade e a vida", não está tentando nos convencer de que ele é o *melhor* dos caminhos. Ele não empregou essa palavra. A vida enraizada em Deus é uma necessidade. Não existe nenhuma opção. Embora se possa dizer para uma planta "Fique no solo, ou saia do vaso e fique no parapeito", na verdade a planta não tem escolha. Se a planta escolher o parapeito da janela, ela morrerá. Ela não tem nenhuma alternativa além do solo para satisfazer suas necessidades básicas. Assim é com os seres humanos e Deus.

Se você permanecer dentro da Palavra de Deus, ela cria raízes no seu coração e ali se firma. Seu poder é liberado enquanto você permanecer vivo nela. *No entanto, se você se afastar de Deus, sua produção será encerrada* e você perderá o direito às bênçãos que ele lhe quer dar. Você fica tão limitado quanto os livros, as pessoas, a educação etc. que estão influenciando sua maneira de pensar.

Você quer alegria? Vá para Deus. Você precisa de paz? Firme suas raízes na Palavra e no poder de Deus. Você precisa de ajuda para controlar seu temperamento? Passe tempo na presença de Deus. Jesus promete que "para Deus todas as coisas são possíveis" (Mateus 19.26). Deus é o solo do qual você precisa incondicionalmente.

Você precisa cooperar com o Espírito Santo

O potencial de Deus é muito maior do que qualquer coisa que possamos pedir-lhe. Tudo o que é visível veio de Deus. Tudo o que ainda veremos está em seu interior. Por termos nossa origem em Deus, esse mesmo potencial está disponível para nós. Mas há uma condição. O poder de Deus precisa estar operante dentro de nós antes que possamos nos conectar a esse poder.

> Àquele que é capaz de fazer infinitamente mais do que tudo o que pedimos ou pensamos, de acordo com o seu poder que atua em nós, a ele seja a glória na igreja e em Cristo Jesus, por todas as gerações, para todo o sempre! Amém! (Efésios 3.20,21).

Quando Jesus disse aos discípulos que estava de partida, prometeu que o Espírito Santo viria estar com eles para sempre (v. João 14.16). Momentos antes de ascender aos céus, Jesus também prometeu que *o poder do Espírito Santo* (v. Atos 1.8) daria aos seguidores condições de serem mensageiros.

O Espírito Santo está presente na sua vida? Sua vida flui de um relacionamento consistente, cheio de energia, que serve de alicerce para cada pensamento, sonho e plano seu? Ou você está tentando realizar coisas grandiosas sem o poder do Espírito?

Podemos olhar um arranha-céu, o ônibus espacial ou um computador de última geração e dizer: "Isso é fantástico. Aqui a humanidade realmente caprichou". Mas o Espírito diz: "Isso não é nada comparado àquilo que a humanidade poderia fazer. Isso é o que vocês estão fazendo sem mim. Quero que vocês façam algo que as pessoas não conseguem fazer sem mim. Quero que vocês construam pessoas. Tenho material que lhes dará condições para ajudar a construir pessoas, criar outras fundações e abrir novas janelas através da quais enxergar a vida. Quero mostrar a vista daqui do alto, para que vocês consigam enxergar como Deus enxerga". Uau! Que poder! Esse é o poder que precisa operar dentro de mim e de você caso queiramos realizar coisas grandiosas para Deus.

Sua cooperação com a obra do Espírito Santo é o meio pelo qual Deus revela o material que tirou de si mesmo e deu a você. Quando você está afinado com o Espírito Santo, consegue fazer coisas que este mundo jamais viu. O poder está aí. É você quem decide se vai, ou não, fazer a conexão que libera esse poder. Se ele não está operando em você, seu potencial está sendo desperdiçado.

Você precisa usar a força de Cristo

Em Filipenses 4.13, Paulo diz: "Tudo posso naquele que me fortalece". *Você* não consegue fazer *todas as coisas*. Você só consegue fazer *todas as coisas* por meio de *Cristo*, que lhe dá a capacidade para isso. Embora você possa sair gritando para todos "Posso todas as coisas", Deus pergunta "Você está com Cristo?". Se não estiver, seus planos, sonhos e ideias serão um monte de nada. Sem Cristo, seus esforços são fúteis, e o resultado é a frustração.

Romanos 8.31 me encoraja muito: "Se Deus é por nós, quem será contra nós?". Nessa passagem, a palavra *por* é, na verdade, a palavra grega para representar *com*. Então, podemos colocar da seguinte maneira: "Se Deus está comigo, quem pode estar contra mim?". Está implícito que, se Deus lhe deu algo para fazer e ele está com você, nada nem ninguém o impedirá de completar sua tarefa. Não me importo com quem é a pessoa nem com quanta influência ela exerce. Se Deus estiver com você, não importa quem está contra você.

Se você pretende liberar seu potencial, precisa examinar todos os dias *com* quem você está, em vez de pensar em quem está contra você. Talvez você esteja passando por perseguição política, pressão feita por seu chefe, cônjuge ou parentes, ou por tratamento injusto da sua família ou do patrão, mas essas influências não são os fatores mais importantes. Você pode passar o resto da vida lutando contra as muitas pessoas e situações que fazem oposição a você, ou pode concentrar-se na presença de Deus e tratá-las como um inconveniente temporário. Se Deus está com você, aqueles que o acusam ou o intimidam não terão poder sobre você.

Esta pode ser uma semana boa, porque sua proteção não depende de quanto poder seus acusadores detêm, mas de quanto poder Cristo possui. Jesus promete paz e vitória se você confiar em sua força:

> Neste mundo vocês terão aflições; contudo, tenham ânimo! Eu venci o mundo (João 16.33).

Deus é sua fonte. Sem um relacionamento com Deus, por meio de seu Filho Jesus, você perderá o direito a seu potencial. Se você não recebeu Jesus como Senhor e Salvador, eu o convido a se juntar comigo e fazer com fé a seguinte oração:

> *Querido Pai celestial,*
> *Compreendi e aceitei a verdade de que tu és minha fonte e o fabricante da minha vida. Reconheço que preciso de ti, assim como a planta precisa do solo de onde surgiu. Portanto, eu me submeto às tuas revendas autorizadas, ao Senhor Jesus Cristo e ao Espírito Santo, e recebo o perdão de todos os meus pecados. Aceito agora mesmo o Espírito Santo prometido, e fico muito feliz por ter sido restaurado, por me reconciliar com o Fabricante da minha vida, tendo garantia plena da vida eterna e a liberação ilimitada do meu potencial.*
> *Pai, obrigado.*
> *Em nome de Jesus, meu Senhor, amém.*

Princípios

1. Deus acredita em você e nas suas capacidades.
2. Você é tão valioso e capaz quanto Deus afirma que você é.
3. Você tem a natureza de Deus e suas qualidades.
4. Você pode conquistar qualquer coisa que o fizer passar do pensamento à ação.
5. Não é possível pensar, planejar nem imaginar algo maior do que Deus, porque ele é a fonte da sua imaginação.
6. Se você se desconectar de Deus, você morre. Ele é o solo do qual você precisa incondicionalmente.

Conheça sua fonte

Sua capacidade depende de como você responde à capacidade de Deus.

1. Como Deus demonstrou o valor que atribui a cada um de nós?

____

____

2. Responda:

A. A que o valor da alma humana equivale?

____

____

B. Em outras palavras, Deus disse: "Custe o que custar, _______

____________________________________".

3. Não é o que se paga que dá valor a um item, mas

____

____

4. Verdadeiro ou falso?

A. Seu valor e capacidade são tão grandes quanto a opinião das pessoas sobre eles. ____________________

B. Liberar seu potencial requer que você compreenda e aceite:

1. O valor que Deus lhe dá. ______________________

2. A confiança que ele deposita em suas capacidades. ______

5. Circule a resposta correta. Como você determina *seu potencial*?

   A. Por aquilo que conquistei.

   B. Por aquilo que meus amigos pensam.

   C. Por aquilo que minha Fonte diz.

   D. Por aquilo que penso ser.

6. Quais são as duas operações que Deus usou quando chamou o mundo à existência?

	Operação	Palavra hebraica	Significado
A.	________	________	________
B.	________	________	________

7. Responda:

   A. Deus disse em Gênesis 1.26 "____________ o homem à nossa imagem...".

   B. Gênesis 1.27 diz: "____________ Deus o homem à sua imagem...".

8. Responda:

   A. Qual é a palavra hebraica traduzida para *semelhança*?

   ____

   ____

   B. Use essa tradução hebraica e a coloque no lugar da palavra semelhança em Gênesis 1.26. Como fica o versículo?

   ____

   ____

9. Verdadeiro ou falso? Se não estiver funcionando como Deus funciona, você está funcionando mal. ____________

10. Verdadeiro ou falso? Quando Deus criou você, ele lhe deu o poder de controlar as coisas que o tentam subjugar. ____________

11. Como saber se estamos produzindo a próxima geração?

____

____

12. Responda:

    A. Sim ou não? Deus lhe deu a capacidade de imaginar, planejar e crer que qualquer coisa pode tornar-se realidade.________

    B. Qual passagem bíblica sustenta sua resposta?

____

____

13. Verdadeiro ou falso?

    A. Nosso potencial inclui a capacidade de influenciar aspectos físicos e espirituais. ____________

    B. Jesus tem toda autoridade nos céus e na terra, e ele dividiu esse poder conosco. ____________

14. Responda:

    A. De acordo com João 15.7,8, quais são as duas condições a ser satisfeitas para que nossas orações sejam atendidas?

        1. ____________________________________

        2. ____________________________________

    B. Qual é a evidência de que somos discípulos de Jesus?

____

____

15. Verdadeiro ou falso?

A. Você tem o poder de realizar obras maiores que as operadas por Jesus. ________________

B. As obras maiores se referem à *quantidade*, não à *qualidade*.

____

16. Verdadeiro ou falso? Deus é a fonte da sua imaginação ________

17. A que sua capacidade de liberar o potencial está diretamente ligada?

A. ____

B. ____

18. Responda:

A. Se você quiser saber quais os padrões básicos para sua vida, deve referir-se aos ________________.

B. Pelo fato de Deus ser misericordioso e amoroso, você também pode ser ________________ e ________________.

19. Um dos principais indicadores da sua qualidade e de seus padrões se expressa nos

____

____

20. Somos capazes de fazer o que Deus demanda de nós? Explique e sustente sua resposta com passagens bíblicas.

____

21. Verdadeiro ou falso? A lei de Deus diz que precisamos *fincar nossas raízes em Deus* por meio da salvação oferecida em Jesus Cristo. Caso contrário, sofreremos morte eterna. ________________

22. Se você entender a lei de Deus e obedecer a seus mandamentos, seu potencial é limitado / ilimitado (*circule a alternativa*).

23. Responda:

    A. Daniel 11.32 promete que "o povo ______________________ ______________________".

    B. A frase central é: ______________________.

24. Verdadeiro ou falso? Deus tem tudo aquilo de que você precisa para realizar seu potencial. ______________

25. Responda:

    A. Fé é simplesmente ______________________.

    B. Quando Jesus disse "Tenham fé em Deus" em Marcos 11.22, na verdade estava dizendo ______________________ ______________.

26. O poder de Deus é liberado em você quando:

    A. Você permanece ligado à Videira.

    B. Você permanece vivo em sua Palavra.

    C. As palavras de Deus habitam em você.

    D. Todas as alternativas.

27. Responda:

    A. Verdadeiro ou falso? Se você cortar sua ligação com Deus, seu potencial é elevado ao máximo. ______________

    B. Para Deus algumas / todas as (circule a alternativa) coisas são possíveis (Mateus 19.26). ______________

28. Responda:

    A. De acordo com Efésios 3.20,21, *o que* está operando dentro de nós?

    ____

    ____

B. Jesus prometeu que o poder do _______________ capacitaria seus seguidores a ser mensageiros.

C. Quem libera o poder do Espírito Santo na sua vida? ________

D. O que acontece com seu potencial se o poder do Espírito Santo não estiver atuando em sua vida? ______________________________
____

29. Leia a oração que se encontra no final do capítulo 6.

A. Você já fez essa oração alguma vez? _______________

B. Gostaria de fazê-la agora? _______________

C. Essa oração representa o clamor do seu coração? _________

Se você respondeu afirmativamente as alternativas B ou C, por favor separe agora um tempo para fazer a oração.

30. Faça uma revisão breve do capítulo. Escreva um parágrafo sobre como você pode liberar seu potencial. Quais princípios você utilizará para isso?

____

____

____

____

____

____

Se você se desconectar de Deus, você morre. Ele é o solo do qual você precisa incondicionalmente.

Capítulo 7

Compreenda sua função

Visão é a capacidade de enxergar acima e além da maioria.

O ser humano tornou-se especialista em compreender o funcionamento de plantas e animais. Fazemos cruzamentos híbridos de animais para gerar linhagens mais robustas, mais saborosas e mais produtivas. Também fazemos enxertos para desenvolver árvores mais compactas que dão frutos mais saborosos, crescem mais e duram por mais tempo. Mas somos deficientes na hora de compreender como Deus projetou a maneira em que funcionamos e de aplicar esse conhecimento. Nós nos concentramos no corpo, em vez de nos concentrarmos no espírito. Essa situação é uma grave ameaça à nossa capacidade de liberar nosso potencial.

Projetados para a eternidade

Quando Deus criou os seres humanos, ele se dirigiu a si mesmo, de maneira que homens e mulheres poderiam existir como seres espirituais, assim como ele é Espírito. Deus os projetou para participar de seu conhecimento e sabedoria, e também para compreender seus pensamentos e propósitos. Deus ainda conferiu a eles parte de seu potencial, pois lhes concedeu um espírito eterno, com planos, ideias e projetos eternos.

A morte e o pó se tornaram aspectos tão frequentes em nossa vida que não compreendemos nem avaliamos bem o conceito de vida livre, abundante e eterna. Supomos que a morte é natural, e vivemos como se o pecado fosse algo natural, quando, na verdade, Deus nos projetou para sermos santos, seres que vivem para sempre.

As consequências da desobediência

A desobediência de Adão destruiu o plano de Deus e trouxe inimizade entre Deus e o ser humano. Pelo fato de este já não receber sustento de sua Fonte, seu espírito morreu e seu corpo perdeu a capacidade de se reconstruir e de se reabastecer. Assim, o pecado que causou a morte espiritual também causou a morte física: "Pois o salário do pecado é a morte..." (Romanos 6.23).

Em seu estado decaído, o ser humano não poderia mais conhecer nem compreender os pensamentos e propósitos de Deus. Ele passou a ser controlado por sua alma, e não por seu espírito, e começou a procurar em seu ambiente as informações de que precisava. Assim, o ser humano sem Deus é um espírito preso ao pó, que se locomove com duas pernas.

O homem sem Deus é um espírito preso ao pó,
que se locomove com duas pernas.

Todos os seres humanos desde Adão pecam: "Pois todos pecaram e estão destituídos da glória de Deus..." (Romanos 3.23). Eles carregam no espírito, na alma e no corpo a punição pela desobediência. Em termos espirituais, você nasceu morto, paralisado, e seu corpo morrerá algum dia. Seu cérebro, quando distanciado de Deus, não consegue obter mais informações do que conseguem aqueles que o ensinam ou escrevem os livros que você lê.

"Mero Pó"

Seu corpo não precisa de Deus para viver. Ele veio da terra e precisa dos produtos que vêm da terra para continuar vivo. Jesus tratou disso quando perguntou aos fariseus:

> "Será que vocês ainda não conseguem entender?", perguntou Jesus. "Não percebem que o que entra pela boca vai para o estômago e mais tarde é expelido? Mas as coisas que saem da boca vêm do coração, e são essas que tornam o homem 'impuro'. Pois do coração saem os maus pensamentos, os homicídios, os adultérios, as imoralidades sexuais, os roubos, os falsos testemunhos e as calúnias. Essas coisas tornam o homem 'impuro'; mas o comer sem lavar as mãos não o torna 'impuro'." (Mateus 15.16-20).

Psyche, a palavra grega traduzida para "coração", significa literalmente "o núcleo do espírito". O que destrói você é o que entra em seu espírito. O câncer pode destruir seu corpo, mas não pode causar danos a seu espírito. É verdade que seu espírito pode ficar pesaroso por causa dos efeitos que o câncer provoca no corpo, mas, em última análise, seu espírito viverá se você permanecer conectado a Deus. É por isso que a rebelião contra Deus é uma questão tão séria. Quando você se desconecta da Fonte, o homem espiritual morre ou fica paralisado, destituído do relacionamento e da comunhão com Deus, o Espírito Santo. Então, a única coisa que você tem é um corpo que se deteriora. A vida que se origina no corpo leva à morte.

O desejo de roubar ou de cobiçar é induzido por aquilo que você enxerga com os olhos físicos, e seus desejos sexuais são provocados pelas carências físicas do seu corpo. De fato, a vida que se origina no corpo desestimula o respeito e incentiva o comportamento que trata homens e mulheres como objetos a ser conquistados. Somos tentados a tratar as pessoas como produtos a ser manipulados, em vez de tratá-las como imagens de Cristo que devem receber apreço e honra.

Deus tem um nome para aqueles que se desligam dele e vivem a vida que se origina do corpo. Ele os chama de "mero pó". Bem, isso é um insulto. Qualquer pessoa que não conheça a Deus é um mero ser humano. Um mero ser humano faz coisas de maneira não natural. Um mero ser humano se concentra no ser que foi feito — aquele que surgiu do pó —, em vez de se concentrar no ser que foi criado — aquele que se originou em Deus. Isso acontece porque não conhece o Criador, não conhece seus propósitos nem os desejos que ele teve quando a criou. Tal ser humano abusa de si mesmo e dos outros, pois não sabe como Deus o projetou para agir. O que caracteriza a vida dessa pessoa é a morte e o pó.

O plano redentor de Deus

O Deus que projetou você para a vida eterna ainda deseja ter a mesma comunhão com você que pretendia ter desde o início. Ele enviou Jesus ao mundo para eliminar o pecado, o problema central, para que a eternidade mais uma vez seja sua.

> Portanto, agora já não há condenação para os que estão em Cristo Jesus, porque por meio de Cristo Jesus a lei do Espírito de vida me libertou da lei do pecado e da morte (Romanos 8.1-2).
>
> Pois o salário do pecado é a morte, mas o dom gratuito de Deus é a vida eterna em Cristo Jesus, nosso Senhor (Romanos 6.23).

Deus não precisava salvar você do pecado e da morte para satisfazer as necessidades *dele*. Ele estava perfeitamente bem antes de você ser salvo, e continuará perfeitamente bem, independentemente do tipo de relacionamento que você tenha com ele no futuro. Jesus se sensibilizou com *suas* necessidades. Somente quando você reconhecer que se aproximar de Deus é algo que trará benefício a você, não a Deus, é que a graça divina fará sentido. Graça é quando Deus estende a mão, mesmo que não a precise estender. Graça é quando Deus se importa a ponto de refazer seu plano original para a raça humana decaída:

> Quem crê no Filho tem a vida eterna; já quem rejeita o Filho não verá a vida, mas a ira de Deus permanece sobre ele (João 3.36).

A REDENÇÃO DE SEU ESPÍRITO

Jesus veio para tirar você da vida centrada nos interesses, na força e no desejo do seu corpo e colocá-lo em uma vida centrada em Deus. Ele veio para redimi-lo e para liberar seu potencial. Para isso, ele refez a ligação entre seu espírito e o Espírito de Deus.

A palavra *redimido* significa "comprado novamente". Se você perder uma boneca e alguém a encontrar, talvez peça um pagamento para lhe entregar a boneca. Os "x" reais que a pessoa pediria como pagamento seriam o "preço de redenção", pois você estaria comprando algo que já era seu.

Originalmente, você era propriedade de Deus, mas Satanás o roubou. Jesus pagou o preço de redenção por meio da morte na cruz. Assim, você foi levado de volta à vida eterna e à comunhão com Deus. Quando Jesus o salvou, tirando-o do pecado e da morte, reacendeu seu espírito potencial ao conceder o Espírito Santo, que vive em você e se conecta com seu espírito. Por causa dessa dádiva, as muitas coisas que Deus deu a você antes mesmo de seu nascimento podem voltar a fluir. Por meio de Jesus, Deus renovou sua vida espiritual e reconectou sua alma à fonte da sabedoria e do conhecimento.

A REDENÇÃO E SEU CORPO

Embora Jesus tenha redimido seu espírito, seu corpo ainda não o foi. Depois de Jesus ter-se levantado dentre os mortos, ele prometeu que voltaria para redimir seu corpo.

> Mas de fato Cristo ressuscitou dentre os mortos, sendo ele as primícias dentre aqueles que dormiram. Visto que a morte veio por meio de um só homem [...] Nem todos dormiremos, mas todos seremos transformados, num momento, num abrir e fechar de olhos, ao som da última

> trombeta. Pois a trombeta soará, os mortos ressuscitarão incorruptíveis e nós seremos transformados (1Coríntios 15.20,21, 51,52).

A intenção de Deus era que seu corpo durasse para sempre. A capacidade que seu dedo tem de se recuperar depois de uma queimadura, ou de uma incisão após uma cirurgia, atesta parcialmente o potencial eterno que sobrou em seu corpo. Ainda é a intenção de Deus que você tenha um corpo eterno. Ele prometeu que dará vida a ele na ressurreição dos mortos. Seu corpo ressurreto será semelhante ao que Adão tinha antes de pecar, e semelhante ao que Jesus tinha depois de ressuscitar dos mortos. Você será capaz de tocar seu novo corpo físico: "Vejam as minhas mãos e os meus pés. Sou eu mesmo! Toquem-me e vejam; um espírito não tem carne nem ossos, como vocês estão vendo que eu tenho" (Lucas 24.39). Você também será capaz de comer: "Deram-lhe um pedaço de peixe assado, e ele o comeu na presença deles" (Lucas 24.42,43).

Nessa vida, seu corpo é um obstáculo. Ele se cansa, se fere e perde o ânimo. À medida que envelhece, é preciso fazer alguns remendos para mantê-lo em ordem. É por isso que nossa sociedade é tão ávida pela fonte da juventude. Não gostamos de corpos que envelhecem. Queremos que eles voltem a ser jovens.

Aprecio muito o que Paulo escreve na sua segunda carta aos Coríntios:

> Por isso não desanimamos. Embora exteriormente estejamos a desgastar-nos, interiormente estamos sendo renovados dia após dia (2Coríntios 4.16).

Deus está construindo uma nova casa para você, uma habitação que será muito melhor que qualquer cirurgia plástica. Tudo o que os cirurgiões plásticos conseguem fazer é remendar seu velho corpo. O negócio de Deus é dar a você um novo. Então, não se preocupe caso seu corpo não seja tudo o que você gostaria que fosse. Remende-o, conserte-o, faça o que for necessário para deixá-lo arrumado. *Mas não o trate como se ele fosse sua vida.* Deus tirará de dentro de você tudo o que aí colocou. Ele quer que você passe a perceber seu potencial com o corpo que você possui hoje, e continue usando suas habilidades eternas bem depois de ele definhar. *Você é muito mais que seu corpo imperfeito e decadente.*

O SISTEMA DE FÉ DIVINO

Deus projetou você para ser uma pessoa ilimitada. Ele o extraiu da própria onipotência divina e transferiu para você uma porção de seu potencial. Deus também o programou para funcionar da mesma maneira que ele funciona. Quando você se reconecta com Deus por meio da fé em Jesus Cristo, ele lhe dá condições de voltar ao modo original de funcionamento, que é o mesmo modo dele.

Deus pensa em termos de potencial — de coisas que ainda estão por se manifestar. Ele confia naquilo que sabe ainda estar invisível, em vez de confiar no que é visível. Ele não fica entusiasmado com o que você já realizou no passado.

Se você fez alguma conquista, alegre-se por isso. Mas não fique tão preso a essa conquista a ponto de não conseguir prosseguir e fazer o que ainda pode fazer. O apóstolo Paulo se expressa da seguinte maneira:

> ... esquecendo-me das coisas que ficaram para trás e avançando para as que estão adiante, prossigo para o alvo, a fim de ganhar o prêmio do chamado celestial de Deus em Cristo Jesus (Filipenses 3.13,14).

Paulo não ficava satisfeito com aquilo que tinha alcançado. Ele sempre estava pensando em dar mais um passo. Por quê? Porque o passado já não serve de motivação. Somente quando você olhar para o futuro, com suas exigências e desafios, é que conseguirá liberar mais dos seus talentos e capacidades ainda não utilizados.

Se Deus está afirmando que você *é* ou *tem* algo, esse algo está em você, em algum lugar. Deus enxerga o que as pessoas não veem, e ele diz o que vê. Se Deus diz que você é uma pessoa que se supera, então você é uma pessoa que se supera. O fato de você parecer mais com um superado do que com alguém que se supera não altera a verdade de que você é uma pessoa que se supera. Se Deus disse, então isso é verdade.

Deus aguarda para ver seu potencial liberado. Ele diz: "Você não se comporta de acordo com o que você é. Por ser meu filho, você tem o potencial para agir melhor do que age agora. Meu potencial flui de mim para você".

Vida originada no espírito ou vida originada no corpo?

Muitos de nós não compreendemos bem como a fé opera. Estamos tão acostumados a viver de acordo com o que vemos, ouvimos e tocamos que encontramos muita dificuldade em adentrar o domínio da fé. Por exemplo, se alguém nos pergunta como estamos, normalmente informamos o estado do nosso corpo ou da nossa alma. Ficamos concentrados nas doenças ou nos pensamentos depressivos que pesam sobre nós, e deixamos de mencionar as muitas bênçãos que Deus nos prometeu. Essas promessas têm um impacto muito maior sobre nós que as doenças físicas ou os dilemas emocionais.

Se alguém perguntar como você está, diga à pessoa que você está abençoado. Pode não parecer, mas as bênçãos estão em algum lugar dentro de você. Cada vez que você disser que está abençoado, as bênçãos crescerão. Em algum momento aquilo que você diz corresponderá àquilo que você vê.

A fé percebe o que ainda não se manifestou. Ela lida com aquilo que existe, mas é invisível. No momento em que algo seu se manifesta, a fé já não é necessária, pois ter fé é crer, conceber e liberar (falando) até que você receba o que deseja. "A fé é a certeza daquilo que esperamos [você espera] e a prova das coisas que não vemos" (Hebreus 11.1).

O PROCESSO DA FÉ

A fé começa com a *crença*. De fato, a fé em alguém ou algo demanda a crença inquestionável que não pede prova nem evidência daquele em quem a fé se deposita. No Novo Testamento, a palavra usada para indicar fé é *pistos*, e significa "acreditar no testemunho de outra pessoa". Assim, a fé pede que você primeiro acredite para depois ver ou sentir.

A fé pede que você primeiro acredite para depois ver ou sentir.

Isso comumente gera um problema, porque a fé demanda que você coloque seu corpo sob o controle do seu espírito. Seu corpo diz: "Não acreditarei nisso antes de ver". Mas Deus diz: "Se você que deseja funcionar como eu funciono, não verá enquanto não acreditar!". Da mesma maneira, o mundo diz: "Vou comprar ações da sua empresa quando perceber que está crescendo bastante". No entanto, Deus diz: "Vamos entrar *agora* no seu negócio e fazê-lo crescer". O primeiro age com base no que vê, o segundo age com base no que crê.

Viver pela fé também demanda que você coloque sua alma sob o controle do seu espírito. Sua alma é responsável por suas emoções, vontade e mente. Quando você vive de acordo com sua alma, permite que a informação que vem do seu corpo físico governe suas decisões. Sua mente diz: "Estou infeliz porque as circunstâncias externas da minha vida não são as que eu gostaria". Se você não *sente* o que Deus está dizendo, isso não é motivo para se recusar a acreditar que Deus sabe do que está falando.

Depois de acreditar nas promessas de Deus, você precisa começar a vê-las (concebê-las) na sua vida. Ver e olhar são coisas diferentes. Olhar é prestar atenção às aparências externas, enquanto ver é considerar a existência de coisas que ainda não são visíveis. *Muitas pessoas olham, mas poucas veem.* Deus vê, e pede que você veja. Ele pede que você se comporte como se já tivesse o que pediu.

Depois de conseguir ver alguma coisa, você precisa *liberá-la*. Em Gênesis, Deus olhou para as trevas e viu a luz. Embora a luz já existisse, não se tornou visível enquanto Deus não a chamou à existência. A mesma coisa aconteceu na vida de uma jovem que recebeu a visita do anjo Gabriel. Embora já estivesse comprometida a casar, ela era virgem. Imagine a surpresa dessa jovem quando Gabriel disse que ela daria à luz um filho que se chamaria Jesus. Maria poderia ter discutido, dizendo que isso era impossível, mas ela calmamente fez uma pergunta: "Como acontecerá isso, se sou virgem?" (Lucas 1.34). Pela fé, Maria acreditou nas palavras do anjo — "o Espírito Santo virá sobre você, e o poder do Altíssimo a cobrirá com a sua sombra" (Lucas 1.35) — e liberou o nascimento de Jesus — "que aconteça comigo conforme a tua palavra" (Lucas 1.38).

Deus ainda envia anjos para falar coisas que vão contra nossas expectativas. Ele diz para homens e mulheres: "Você terá um sonho, e ele se realizará". Então fica à espera de nossas palavras de confirmação: "Que aconteça comigo conforme sua palavra". Mas suas palavras precisam ser um decorrência daquilo que você crê. Em si, elas não possuem poder. Somente quando são acompanhadas da convicção é que conseguem liberar os desejos de Deus para sua vida. O apóstolo Paulo ilustrou isso quando falou do que já estava no seu coração:

> Está escrito: "Cri, por isso falei". Com esse mesmo espírito de fé nós também cremos e, por isso, falamos, porque sabemos que aquele que ressuscitou o Senhor Jesus dentre os mortos, também nos ressuscitará com Jesus e nos apresentará com vocês (2Coríntios 4.13,14).

Exige-se fé de todos os que desejam agradar a Deus. Hebreus 11.6 nos adverte que "sem fé é impossível agradar a Deus, pois quem dele se aproxima precisa crer que ele existe e que recompensa aqueles que o buscam". Romanos 1.17 nos diz que "o justo viverá pela fé". Você foi criado para viver pela fé. Deus a estabeleceu como o único sistema pelo qual homens e mulheres podem tocar em seu poder. O potencial exige fé, e a fé faz exigências para o potencial.

O potencial exige fé, e a fé faz exigências para o potencial.

Na Bíblia, justiça significa "desfrutar de um relacionamento reto com Deus", e sem ela o ato salvador de Deus em Jesus Cristo é impossível. A morte de Jesus na cruz livrou você da morte eterna, que é a punição pelo pecado. Para aqueles que receberam vida nova em Cristo, Deus pronuncia a sentença de "inocente".

A fé é uma exigência, não uma opção

A fé não é uma opção para o cristão. É uma necessidade. Se Deus lhe diz para seguir em frente, ele não quer que você fique olhando em volta até encontrar evidência de que deve seguir em frente. Ele quer que você se arrisque simplesmente porque está pedindo que você siga em frente.

De fato, em geral a fé não é uma opção para os seres humanos. Uma pessoa que vive de acordo com qualquer outra coisa que não a fé terá uma vida deprimente. Ela será consumida de tal maneira por seu ambiente e pelas circunstâncias de sua vida que nunca se arriscará além de seu território familiar e não liberará o enorme potencial que tem dentro de si. A fé é a fonte da esperança, e ninguém consegue viver sem esperança. A fé é o combustível do futuro, e o que energiza aquilo que está por vir.

A fé faz as coisas acontecer

Muitas pessoas são como restos de naufrágio porque tentam viver sem fé. Isso é uma infelicidade, pois as Escrituras dizem claramente que a fé em Deus é pré-requisito para receber aquilo em que você acredita, concebe e libera.

> Portanto, eu lhes digo: Tudo o que vocês pedirem em oração, creiam que já o receberam, e assim lhes sucederá (Marcos 11.24).

A fé é o catalisador que faz as coisas acontecer. Ela coloca você acima da evidência externa e lhe dá condições de fazer a luz surgir de entre as trevas. Lembre-se de que você receberá aquilo em que acredita. Se esperar encontrar turbulências, encontrará. Se confiar em Deus e esperar que ele trabalhe em meio às circunstâncias aflitivas, cedo ou tarde você verá evidências de sua presença.

A vida sem fé é uma vida tola, pois a vida nem sempre é o que parece. O que você vê ou sente não é tudo o que existe. Creia que as coisas se resolverão. Rejeite o lixo que o deixa desanimado, o lixo que desvia seus olhos de Deus — "Você nunca terá uma casa. Você nem consegue pagar seu aluguel. Como vai suportar as prestações do financiamento?" — e creia que você conseguirá. Faça planos e, pela fé, libere seus sonhos dizendo: "Sei o que vejo, mas também sei no que acredito. Continuarei acreditando em meus sonhos, porque tudo é possível ao lado de Deus". Louve a Deus, pois você não precisa viver de acordo com o que vê. Acredite em suas promessas e fique na expectativa de que ele moverá montanhas para você (v. Mateus 21.21).

A vida nem sempre é o que parece. O que você vê ou sente não é tudo o que existe.

Se as coisas não estão funcionando para você, provavelmente existe algo errado com o que você crê, concebe ou fala. Deixe de ficar intimidado pelas influências malignas ou pelo Inimigo. Ele não quer que você viva pela fé, e por isso tenta levá-lo a acreditar nas coisas erradas, a conceber erros e a falar o que não está certo. Assim, você fica impedido de receber aquilo em que acreditou. Recuse-se a crer nas mentiras que o Inimigo conta e cuide para não se preocupar com as críticas e objeções feitas por outras pessoas. *Se Deus for a fonte do seu sonho, as pessoas não o conseguirão destruir.* Você pode realizar aquilo que é da vontade de Deus.

Então, retome a Palavra de Deus e reivindique suas promessas. Faça da fé sua fundação diária e declare: "Deus disse, portanto eu creio" até começar a sentir alguma diferença. Acima de tudo, não desista.

Em pouco tempo você verá os resultados de uma vida de fé. Você se levantará pela manhã com a expectativa de ter um dia produtivo, porque não existe nada que você e Deus não consigam resolver. Você começará a semana crendo na Palavra de Deus e seguindo suas instruções. Viver pela fé é assim. Nada neste mundo por fazê-lo perder o ânimo, a menos que você permita que isso aconteça.

A tragédia de abandonar a fé

Muitas das pessoas fracassadas acabaram fracassando porque chegaram perto demais da vitória. Não deixe isso acontecer com você. Você não sabe que distância o separa de receber a promessa pela qual está esperando. As coisas podem piorar, mas isso não significa que, só por causa disso, Deus não ouviu seu pedido. Quanto mais perto da vitória, mais difícil será a batalha. Normalmente as coisas pioram quando você está perto de alcançar o que busca.

Dite o ritmo e continue seguindo em frente. Procure os aspectos positivos da vida e renove sua voz de fé. Acredite em Deus e em si mesmo. Diga: "Deus, estou do seu lado, e o Senhor está do meu. Nós levaremos a cabo nossa tarefa porque estamos em maioria". Tenha uma certeza confiante de que você não pode perder quando você e Deus estão de acordo. Tenha em mente que Deus o recompensará se você colocá-lo acima de tudo o mais. Por fim, comprometa-se a crer, conceber e liberar (falando) todos os dias, até você receber o que deseja. Deus criou você para operar dessa maneira.

> Busquem, pois, em primeiro lugar o Reino de Deus e a sua justiça, e todas essas coisas lhes serão acrescentadas (Mateus 6.33).

A vida de fé é trabalho duro que, às vezes, exige perseverança e paciência, mas não existe outra maneira de viver. A vida abundante e recompensadora é construída sobre o fundamento da fé. É a chave principal para liberar tudo o que Deus lhe deu para beneficiar você e o mundo durante as gerações vindouras. Seu potencial precisa da fé para ser extraído, pois ela é o balde que tira água do poço, que é o potencial dentro de você.

A fé é o balde que tira água do poço, que é o potencial dentro de você.

Princípios

1. Deus lhe deu um espírito eterno que tem um potencial eterno.
2. O pecado roubou de você esse potencial porque você nasceu espiritualmente morto.
3. Deus redimiu esse potencial eterno por meio da morte de Jesus.
4. Você foi projetado para viver pela fé.
5. Ter fé é acreditar, ver, liberar e receber.

Compreenda sua função

Visão é a capacidade de enxergar acima e além da maioria.

1. Verdadeiro ou falso? Funcionar tendo como base o *corpo* libera nosso potencial. ____________
2. Verdadeiro ou falso? Deus nos projetou como seres santos que vivem para sempre. ____________
3. O ser humano sem Deus é um ____________ ao pó, que se locomove com duas pernas.
4. Responda:

   A. Qual é a palavra grega para coração? ____________

   B. Qual é o significado literal disso? ____________
5. Um mero ser humano se concentra no seu ser ____________, em vez de se concentrar no seu ser ____________.

6. Circule a expressão que descreve o estado para o qual Jesus nos veio elevar.

Vida centrada no homem

Vida centrada em Deus

7. *Redimido* significa ______________________________

8. Como Jesus nos redimiu? De quem ele nos redimiu? __________
____

9. Circule a(s) área(s) que Jesus redimiu: espírito, alma, corpo.

10. Jesus fez uma promessa referente a nosso corpo depois que ele ressuscitou. Qual é essa promessa?
____
____

11. Verdadeiro ou falso? Deus pretendia que seu corpo vivesse para sempre. ____________

12. O que acontecerá na ressurreição dos mortos?
____
____

13. Verdadeiro ou falso? Você é mais do que um corpo imperfeito em deterioração. ____________

14. O que o apóstolo Paulo falou sobre seguir adiante?
____
____

15. Verdadeiro ou falso? Somente quando olhamos para o futuro podemos liberar mais potencial. ______________

16. Escreva "F" ao lado das expressões que estão associadas à fé, e "S" ao lado das que se referem aos sentidos:

    ________ Não visto

    ________ Tato

    ________ Visto

    ________ Invisível

    ________ Evidência

    ________ Ouvir

17. Quando alguém pergunta como estamos, normalmente respondemos com base na condição de:

    A. Nosso corpo

    B. Nosso espírito

    C. Nossa alma

    D. A e C

18. Verdadeiro ou falso? Fé é crer, conceber e liberar até receber o que se deseja. ______________

19. Sua *alma* governa. ______________

20. Responda:

    A. Como os desejos de Deus para sua vida podem ser liberados?

    ____

    B. Escreva trechos de 2Coríntios 4.13,14 que sustentem sua resposta.

    ____

    ____

21. *Justiça* significa ______________________________.

22. A justiça é impossível sem:

A. Ir à igreja.

B. O ato divino da salvação em Jesus Cristo.

C. Sentir-se bem consigo mesmo.

D. Liberar seu potencial.

23. A fé é um requisito / uma opção (*circule a alternativa*).

24. Circule a figura que melhor representa a vida vivida *sem* fé.

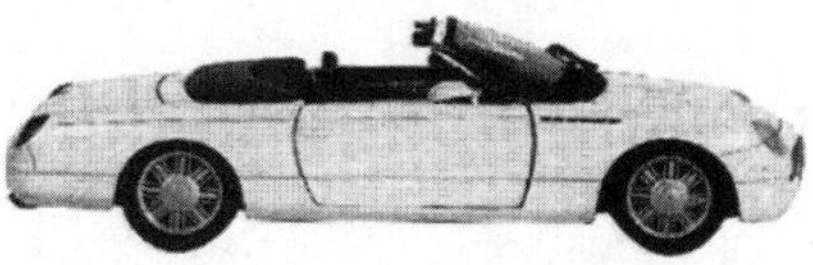

25. Aquilo que você *vê* ou *sente* representa / não representa (*circule a alternativa*) a totalidade.

26. Verdadeiro ou falso? Se Deus é a fonte do seu sonho, as pessoas não o podem destruir. ______________________

27. Responda:

A. Como você pode receber de Deus aquilo que deseja?

____

B. O que devemos buscar em primeiro lugar?

____

28. Verdadeiro ou falso? A vida de fé é trabalho árduo que, às vezes, demanda perseverança e paciência. ______________

29. Coloque uma legenda no item do diagrama que representa a *fé*.

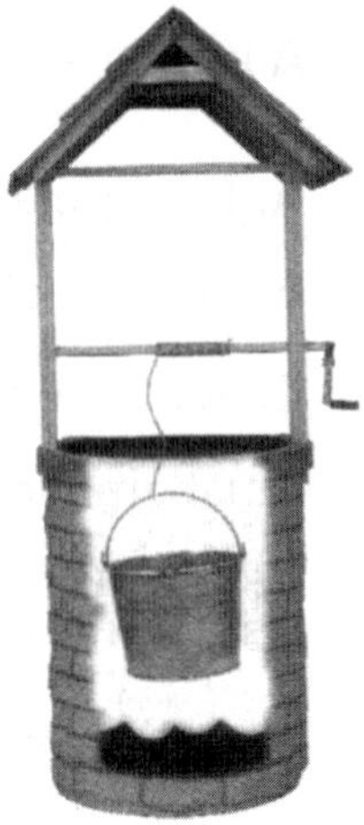

30. Por qual razão você quer acreditar em Deus?

Acredito em Deus porque:	Quanto à minha situação, a Palavra de Deus afirma:
1. ____________________	1. ____________________
2. ____________________	2. ____________________
3. ____________________	3. ____________________
4. ____________________	4. ____________________
5. ____________________	5. ____________________
6. ____________________	6. ____________________
7. ____________________	7. ____________________
8. ____________________	8. ____________________

Ter fé é acreditar, ver, liberar e receber.

CAPÍTULO 8

Compreenda seu propósito

A vida sem propósito é um experimento.

Saulo era um judeu zeloso que perseguiu com violência a igreja primitiva e tentou destruí-la. Mas Deus tinha outros planos para a vida de Saulo, dos quais este não sabia nada. Deus o tinha separado desde antes do seu nascimento para "revelar o seu Filho [nele] para que [ele] o anunciasse entre os gentios" (Gálatas 1.16). Na estrada para Damasco, Saulo ficou frente a frente com o propósito para o qual Deus o criara. Esse encontro mudaria para sempre sua vida. Saulo, o fariseu, agora seria Paulo, o apóstolo. Embora o encontro com seu propósito não precise ser tão dramático quanto foi o de Saulo, você também precisa descobrir o propósito para o qual Deus o criou. Já conheci muitas pessoas de sucesso que estavam insatisfeitas com suas conquistas. Elas foram atrás de seus objetivos e os alcançaram, mas não se realizaram e ficam sempre se perguntando o porquê. As conquistas sem o senso de propósito perdem o sentido. A vida sem a compreensão do propósito leva à desilusão e ao vazio.

UMA DEFINIÇÃO PARA PROPÓSITO

O propósito de algo é o motivo pelo qual esse algo existe, ou a intenção original que o fabricante teve quando o criou. Assim, não se descobre o propósito de uma coisa perguntando a outra coisa. Só o fabricante sabe por que criou o produto daquele jeito.

Deus é sua fonte, seu fabricante. Ele sabe por que lhe deu a vida e o dotou de personalidade, talentos e ambições, coisas que fazem de você uma pessoa singular. Ele quer que você descubra por que nasceu, para assim cumprir seu propósito. O senso de propósito dá sentido à vida. Com ele você vai para além da existência, para uma vida de realizações e produtividade.

Mude sua maneira de pensar

Jesus mantinha uma postura quanto ao propósito. Essa atitude se expressa nas palavras do apóstolo Paulo em 1Coríntios 2.11:

> Pois, quem conhece os pensamentos do homem, a não ser o espírito do homem que nele está? Da mesma forma, ninguém conhece os pensamentos de Deus, a não ser o Espírito de Deus.

Uma vez que você nasceu separado de Deus e sem ligação com seu Espírito, você é ignorante. Jesus indicou a ignorância espiritual do homem quando pregou o arrependimento (v. Mateus 4.17). Em português, o sentido mais importante de *arrepender-se* é "lamentar-se, sentir remorso ou pesar por causa de uma ação, atitude ou pensamento". No mundo dos dias de Jesus, tomado pela cultura greco-romana, arrependimento significava "mudança de ideia ou voltar-se para Deus".

Jesus sabia que ser admitido no Reino dos céus exigia uma mudança completa na maneira de pensar. Esse mandamento para o arrependimento deu início à nova obra da graça. Muitos dos líderes religiosos se sentiram afrontados com a pregação de Jesus. Também se sentiram insultados porque ficava implícito que o pensamento deles estava errado.

A verdade é que, não importa o que você esteja pensando antes de se encontrar com Jesus, está pensando errado. Sem Deus, você é ignorante:

> Assim, eu lhes digo, e no Senhor insisto, que não vivam mais como os gentios, que vivem na inutilidade dos seus pensamentos. Eles estão obscurecidos no entendimento e separados da vida de Deus por causa da ignorância em que estão, devido ao endurecimento do seu coração (Efésios 4.17,18).

Sem Jesus não é possível se achegar a Deus:

> Eu sou o caminho, a verdade e a vida. Ninguém vem ao Pai, a não ser por mim (João 14.6).

Não importa o que você esteja pensando antes de se encontrar com Jesus, está pensando errado.

A vida sem Deus conduz à destruição:

> [Deus] punirá os que não conhecem a Deus e os que não obedecem ao evangelho de nosso Senhor Jesus. Eles sofrerão a pena de destruição eterna, a separação da presença do Senhor e da majestade do seu poder (2Tessalonicenses 1.8,9).

Deus não quer que você pereça — perecer significa "ser destruído":

> ... [O Senhor] é paciente com vocês, não querendo que ninguém pereça, mas que todos cheguem ao arrependimento (2Pedro 3.9).

Por causa de seu grande amor e misericórdia, Deus oferece o arrependimento como meio para evitar a destruição. Se você não quiser ser destruído pela ignorância a respeito de Deus, e a respeito do propósito divino para sua vida, precisa mudar sua maneira de pensar.

A IGNORÂNCIA DO PROPÓSITO LEVA AO ABUSO

A ignorância rouba de você seu potencial porque leva ao abuso. A palavra abuso vem do latim *abusus* e significa uso deturpado, utilizar algo até seu completo esgotamento. Não se pode usar algo de maneira natural sem antes saber para que existe, ou para que uso foi projetado. Portanto, sempre que não souber o propósito de algo, você acaba usando-o de maneira deturpada, o que constitui um abuso. Se você não souber qual é o propósito de uma esposa, abusará dela. Se não souber para que serve um marido, irá usá-lo de maneira imprópria. E, é claro, a maior das tragédias ocorre quando você não sabe para que servem as crianças, e assim abusa delas.

SÓ O CRIADOR SABE QUAL É O PROPÓSITO DE UMA CRIAÇÃO

Precisamos retornar à mente do Fabricante para descobrir o propósito da nossa existência. Ninguém conhece um produto melhor que seu criador, não importa quem ele seja. Se você fizer um vestido, ninguém o conhecerá melhor que você. Se você construir uma casa, você saberá dizer onde colocou aquela madeira velha que ninguém percebe porque ela está coberta de tinta.

Você está vinculado ao lugar de onde veio. Isso significa que ninguém o conhece melhor que aquele do qual você se originou. O Deus que o criou sabe como você foi projetado, como você funciona. Deus quer que você compreenda como ele pensa a seu respeito, e os propósitos que ele tem para sua vida. Se tentar viver sem Deus, você transformará sua vida em uma tremenda confusão, porque a vida sem propósito gera abuso.

> *Se tentar viver sem Deus, você transformará sua vida em uma tremenda confusão, porque a vida sem propósito gera abuso.*

Olhe à sua volta. Muitos têm comida, casas, carros, amigos, pais e familiares dos quais abusam. Desconhecem o propósito dessas pessoas e dessas coisas, e por isso continuam abusando delas. Se você não conhecer o propósito de um produto, pergunte ao fabricante. Se não souber qual é o propósito da sua família e amigos, vá até Deus. Conhecer o propósito é a única maneira de evitar o abuso.

Por que você está fazendo o que está fazendo?

O capítulo 13 de 1Coríntios é um exemplo de como podemos abusar das coisas quando não conhecemos o seu propósito. Esse capítulo é frequentemente lido em casamentos porque fala de amor. As pessoas simplesmente amam esse texto, mas têm muita dificuldade de vivê-lo. Por quê? Porque não leem os versículos que o precedem. O capítulo 13 é uma continuação do capítulo 12, que fala do batismo do Espírito Santo.

> Há diferentes tipos de dons, mas o Espírito é o mesmo [...] A cada um, porém é dada a manifestação do Espírito, visando ao bem comum [...] Todas essas coisas, porém, são realizadas pelo mesmo e único Espírito, e ele as distribui individualmente, a cada um, como quer [...] Passo agora a mostrar-lhes um caminho ainda mais excelente [...] O amor é paciente, o amor é bondoso [...] (1Coríntios 12.4,7,11,31; 13.4).

Se o Espírito Santo não estiver na sua vida, você abusará do amor e de quem você deseja amar. Não é possível obter resultados sem a presença viva do Espírito Santo na sua vida. Sem ele, você será impaciente, grosseiro, invejoso, exibicionista, orgulhoso, rude, preocupado com seus próprios interesses e facilmente irritável no relacionamento com seu cônjuge. De fato, seu amor será um fracasso, porque você não entende o amor como consequência do poder de Deus na sua vida.

Conquistas sem propósito são desperdício de tempo

Você pode fazer o que quiser. Se não compreender por que está fazendo isso, apenas perderá tempo. Se der tudo o que tem aos pobres, ou entregar seu corpo para ser queimado, e não compreender o propósito de fazer tais coisas, tudo o que você conseguirá é um corpo morto (v. 1Coríntios 13.3). Deus não fica impressionado com atos religiosos ou morais, a menos que você saiba por que os está praticando.

O HOMEM SEM DEUS ESTÁ PERDIDO E CONFUSO

O salmo 82 descreve a situação do homem sem Deus:

> Eles nada sabem, nada entendem. Vagueiam pelas trevas; todos os fundamentos da terra estão abalados. Eu disse: Vocês são deuses, todos vocês são filhos do Altíssimo. Mas vocês morrerão como simples homens (Salmo 82.5-7).

Somos filhos do Altíssimo, mas estamos vivendo como simples carne e sangue que ainda não receberam o Espírito de Deus. Ficamos completamente sem propósito e direção: não sabemos nada. Não entendemos coisa alguma. Nós, e nosso mundo, estamos totalmente fora de rota, seguindo em alta velocidade para lugar nenhum. Essa é a porção reservada para aqueles que não compreendem por que Deus os criou. A confusão e o abuso caracterizam a vida dessas pessoas. Você pode pensar que Deus o criou para ter uma boa educação, ir à igreja ou ganhar a vida. Na verdade, nada disso o faz alcançar o propósito que Deus teve quando o criou.

O PROPÓSITO DE DEUS PARA O HOMEM

Se você não souber qual é seu propósito, é impossível cumpri-lo. Assim, para liberar seu potencial, é necessário que você saiba por que Deus o criou. A Bíblia define com clareza os motivos pelos quais Deus criou os seres humanos.

Criados para refletir a imagem de Deus

O primeiro capítulo de Gênesis nos ensina que a intenção de Deus era que o ser humano refletisse sua imagem:

> Então disse Deus: "Façamos o homem à nossa imagem..." (Gênesis 1.26).

Tudo o que você é está vinculado a um propósito — sua altura, raça, talentos naturais, dons e desejos profundos. Deus não o criou para você se odiar a ponto de tentar mudar sua aparência. Deus lhe deu beleza quando o criou. Ele quer que você tenha a aparência que já tem. Roupas da moda, cosméticos e penteados são ótimos, desde que você saiba por que está escolhendo determinada aparência. Se você estiver simplesmente buscando a melhor aparência possível, ou tentando facilitar as coisas na hora de se pentear ou de se vestir, vá em frente. Mas, se estiver tentando ficar parecido com outra pessoa, você está numa bela encrenca. Deus não quer que você se pareça com ninguém mais. Nos planos dele, você seria uma pessoa diferente das outras. Ele quer que você se pareça exatamente como se parece, e que aja como ele age.

Ele quer que você se pareça exatamente como se parece, e aja como ele age.

Refletir a imagem de Deus tem que ver com sua maneira de agir, não com sua aparência. Deus quer que você seja um espelho do caráter dele. Ele o formou de maneira que sua natureza pudesse ser revelada por meio da sua singularidade.

A essência da natureza de Deus é definida sucintamente no "capítulo do amor" que examinamos anteriormente. O capítulo diz coisas maravilhosas sobre Deus.

> [Deus] é paciente, [Deus] é bondoso. [Ele] não inveja, [ele] não se vangloria, [ele] não se orgulha. [Deus] não maltrata, [ele] não procura seus interesses, [ele] não se ira facilmente, [ele] não guarda rancor. [Deus] não se alegra com a injustiça, mas se alegra com a verdade. [Deus] tudo sofre, tudo crê, tudo espera, tudo suporta. [Deus] nunca perece (1Coríntios 13.4-8).

Você foi criado para viver dessa maneira. Deus o criou para que você aja como ele age. Ter a natureza de Deus é a diferença entre *parecer* amável e *ser* amável. A primeira se refere à aparência externa, a outra à sua natureza. É possível ter uma boa aparência e ser maldoso. É possível se vestir bem e falar rispidamente. É possível parecer religioso, mas agir como o Diabo. Deus quer que você reflita sua natureza. Essa é uma razão para ele criar você.

Criados para desfrutar da comunhão com Deus

A primeira pergunta de Deus a Adão depois de ter desobedecido foi: "Onde está você?" (Gênesis 3.9). Deus foi até o jardim quando soprava a brisa do dia para desfrutar da companhia do homem e da mulher que havia criado. Parte do motivo de Deus ao criar os seres humanos foi a chance de ter comunhão.

Qualquer ser que adora a Deus, ou tem comunhão com ele, precisa ser espírito. Homens e mulheres são os únicos seres deste planeta que foram criados por Deus mediante seu Espírito e à sua imagem. Mas o ser humano perdeu a comunhão que Deus projetou para ele desfrutar quando pecou e permitiu que se abrisse uma distância entre ele e Deus.

Comunhão é companheirismo, é compartilhar mutuamente uma experiência, atividade ou interesse. Não se desfruta da comunhão com Deus a menos que você tenha recebido Jesus como seu Salvador, porque os seres humanos pecadores não conseguem conhecer nem compreender as experiências, atividades ou interesses de Deus. Religar o Espírito de Deus com seu espírito é o pré-requisito para estabelecer essa camaradagem. É impossível cumprir o propósito de amar a Deus e dele desfrutar para sempre se você não readquirir sua herança espiritual, pois quem o adora deve adorá-lo em espírito e em verdade (v. João 4.24).

Criados para dominar a terra

Incluída na descrição que o Gênesis faz do ser humano está a intenção de que este deveria exercer domínio sobre a terra:

> Então disse Deus: "Façamos o homem à nossa imagem, conforme a nossa semelhança. Domine ele sobre os peixes do mar, sobre as aves do céu, sobre os grandes animais de toda a terra e sobre todos os pequenos animais que se movem rente ao chão" (Gênesis 1.26).

Deus nos criou para dominar toda a terra. Mas, quando perdemos contato com a Fonte, ficamos confundidos e permitimos que a terra nos dominasse. Cada um de nossos problemas é consequência de não termos cumprido o propósito de dominar a terra. Nós nos permitimos ser dominados por folhas e frutos, que agora nos dizem o que fazer. "Está na hora de um cigarrinho. Você não consegue passar sem me fumar."

Porém, mais grave do que o domínio em si é o engano que vem junto com o domínio. Somos muito bons no autoengano. Aqueles que bebem socialmente dizem: "Posso parar quando quiser. Não sinto nenhuma necessidade de beber mais um drinque". Mas continua sendo verdade que todos os alcoólatras começaram bebendo socialmente.

Quando nos deixamos dominar pelas coisas que nós deveríamos dominar, toda a terra sai dos trilhos. Nosso mundo está cheio da violência que gira em torno do papel impresso que vem das árvores. O *dinheiro* controla nossa vida. Matamos, roubamos, furtamos, praguejamos e fazemos muitas outras coisas desprezíveis para pôr as mãos naquela lâmina de madeira.

Assim como a dominação das pessoas pelas coisas destrói nosso mundo, também a dominação das pessoas pelas pessoas gera sofrimento e violência. Maridos abusam de suas esposas. Mulheres abusam de seus filhos. Uma raça discrimina outras raças. Esses e muitos outros problemas surgem porque não conseguimos compreender que Deus nos deu o domínio sobre a terra, não sobre outras pessoas.

A falta de conhecimento, ou a ausência de percepção, sobre qual é o propósito de uma pessoa ou coisa sempre gera confusão e sofrimento. A homossexualidade é um excelente exemplo da perturbação resultante. Deus criou a mulher para ser uma auxiliar idônea do homem. Ele não projetou o homem para ser auxiliar do homem, nem a mulher para ser auxiliar da mulher. Deus os fez homem e mulher, concedendo a mulher ao homem. Por isso o propósito da mulher é o homem, e o propósito do homem é a mulher. Qualquer coisa diferente disso é um uso deturpado, fora dos padrões.

O apóstolo Paulo tratou desse abuso quando escreveu à igreja de Roma:

> A ira de Deus é revelada dos céus contra toda impiedade e injustiça dos homens que suprimem a verdade pela injustiça [...] porque, tendo conhecido a Deus, não o glorificaram como Deus, nem lhe renderam graças, mas os seus pensamentos tornaram-se fúteis e o coração insensato deles obscureceu-se [...] Por causa disso Deus os entregou a paixões vergonhosas. Até suas mulheres trocaram suas relações sexuais naturais por outras, contrárias à natureza. Da mesma forma, os homens também abandonaram as relações naturais com as mulheres e se inflamaram de paixão uns pelos outros (Romanos 1.18,21,26,27).

Deus abomina o uso fora dos padrões. Ele destruiu Sodoma e Gomorra por tamanha malignidade (v. Gênesis 18—19). Por outro lado, Satanás quer que você justifique seu pecado e o considere natural. *Nenhuma racionalização e espiritualização pode eliminar as punição para o abuso.* A degradação e a corrupção estão à espera daqueles que usam erradamente o que Deus abençoou, aquilo que ele afirmou ser bom, porque "[eles] receberam em si mesmos o castigo merecido pela sua perversão" (Romanos 1.27). *Torcer a verdade para adaptá-la aos nossos desejos não muda a verdade: só nos deixa mais vulneráveis ao pai da mentira.*

Entender os propósitos de Deus ao criar homem e mulher, marido e mulher, pais e filhos é essencial para efetivamente liberar seu propósito pessoal e os propósitos deles. Deus criou você para dominar a terra. Faça um exame da sua vida para verificar em que área você está dominando as pessoas. Depois arrependa-se e restabeleça esses relacionamentos de acordo com os propósitos de Deus. Sua vida depende disso.

Criados para dar fruto

Se você tiver no seu quintal uma macieira que nunca produz maçãs, acabará cansando daquela árvore que só ocupa espaço e não produz nada. Você vai arrancá-la. O mesmo é válido para o relacionamento de Deus com as pessoas. Nenhuma árvore deve ficar sem frutos, pois, quando Deus a criou, colocou sementes dentro de cada uma delas. Deus tem sua maneira de colocar de lado as pessoas improdutivas e de exaltar as produtivas. *Uma pessoa produtiva é simplesmente alguém que responde ao chamado.*

Jesus nos ensina no evangelho de João que Deus nos criou para dar fruto:

> Meu Pai é glorificado pelo fato de vocês darem muito fruto; e assim serão meus discípulos [...] Vocês não me escolheram, mas eu os escolhi para irem e darem fruto, fruto que permaneça (João 15.8,16).

Sua capacidade de frutificar depende da comida que você come. Se sua fonte espiritual não for da melhor qualidade, sua produtividade revelará isso. Não importa aonde você vá ou o que faça, longe de Deus você será uma planta ornamental que não gera frutos. Você é o que você come.

Deus quer que você revele todo o potencial que ele colocou dentro de você. Deus dá oportunidades fantásticas para você se juntar a ele na obra realizada nesta terra. Sua capacidade de cumprir as exigências de Deus depende de como você se relaciona com ele, pois o fruto que ele quer ver é a manifestação do Espírito na sua vida:

> Mas o fruto do Espírito é amor, alegria, paz, paciência, amabilidade, bondade, fidelidade, mansidão e domínio próprio. Contra essas coisas não há lei. Os que pertencem a Cristo Jesus crucificaram a carne, com as suas paixões e os seus desejos. Se vivemos pelo Espírito, andemos também pelo Espírito (Gálatas 5.22-25).

Deus criou você para dar frutos em abundância, frutos que dão vida. Isso faz parte do seu propósito. A presença do Espírito Santo na sua vida é a chave para cumprir esse propósito.

Criados para nos reproduzir

Por fim, Deus o criou para se multiplicar e povoar a terra (Gênesis 1.28). A capacidade de gerar filhos às vezes é vista como maldição em vez de bênção. O pecado está na raiz dessas sensações.

Quando Deus comunicou a Adão e Eva o mandamento de encher a terra, a dor não estava associada à gravidez. Foi somente depois que o pecado entrou no mundo que Deus disse à mulher:

> Multiplicarei grandemente o seu sofrimento na gravidez; com o sofrimento você dará à luz filhos. Seu desejo será para o seu marido, e ele a dominará (Gênesis 3.16).

Porém, mais importante que a capacidade de se reproduzir fisicamente é a possibilidade de, lenta e progressivamente, passar adiante seus valores e atitudes. Sua vida influencia seus filhos, cônjuge, amigos, chefe, colegas de trabalho, e assim por diante, seja para o bem seja para o mal. Eles observam suas ações e ouvem suas palavras. O efeito da sua presença na vida deles pode ser incentivador ou desanimador, edificante ou destruidor, positivo ou negativo.

O QUE — OU QUEM — ESTÁ CONTROLANDO VOCÊ?

A liberação do seu potencial está diretamente vinculada à sua disposição de conhecer, compreender e se submeter aos propósitos divinos na sua vida. A sabedoria e a força para realizar essa tarefa estão disponíveis para todos os que receberam a dádiva do Espírito de Deus que em nós habita. Pois é por meio dele que você pode comunicar-se livremente com Deus até que seu coração e sua visão sejam os mesmos que os do Espírito.

O corolário também é verdadeiro. Viver longe de Deus coloca você sob o controle de coisas, pessoas e espíritos, e encobre o propósito para o qual você nasceu. Sob tais circunstâncias, você e seu potencial serão vítimas de abuso. De fato, muito do que você tem a oferecer morrerá junto com você.

Reserve um tempo para avaliar sua vida. Quem, ou o quê, está controlando você? Você está descobrindo qual é o propósito de Deus para sua vida e assim liberando seu potencial?

Você tem a capacidade de cumprir esse propósito porque Deus o embutiu em você. Decida hoje descobrir a intenção de Deus para sua vida.

Princípios

1. Propósito é a intenção original do criador ao criar alguma coisa.
2. Deus conhece o propósito para sua vida.
3. Longe de Deus, você ignora o propósito de sua vida.
4. A ignorância gera abuso.
5. Você precisa entender por que faz o que faz.
6. Você precisa submeter-se ao controle do Espírito Santo. Caso contrário, algo ou alguém vai controlá-lo.

Compreenda seu propósito

A vida sem propósito é um experimento.

1. Onde Saulo ficou face a face com o propósito para o qual Deus o criara? ______________________

2. Responda:

   A. Realizações sem o senso de propósito são ____________.

   B. Qual é o propósito de um objeto, qualquer que seja ele?

   ____

3. Responda:

   A. Qual fabricante sabe exatamente a razão de você ter sido criado?

   ____

   B. Por que Deus quer que você descubra o motivo pelo qual nasceu?

   ____

   ____

4. Responda:

   A. O principal sentido de *arrepender-se* em português é ______.

B. No mundo greco-romano dos dias de Jesus, *arrependimento* significava ______________________________.

C. Qual definição de arrependimento é pré-requisito para entrar no Reino de Deus? Por quê?

____

____

____

5. Responda:

A. Verdadeiro ou falso? Você pensa equivocadamente *antes* de se encontrar com Jesus. ______________

B. De acordo com Efésios 4.17-18, que tipo de vida precisamos abandonar? Por quê?

____

____

____

6. A vida *longe* de Deus conduz à santidade / destruição (*circule a alternativa*).

7. Responda:

A. A palavra abuso é formada pelo prefixo __________ e a palavra __________.

B. Quando você não conhece o propósito de alguma coisa, você a usa de maneira adequada / inadequada (*circule a alternativa*).

8. Responda:

A. Como podemos evitar que abusemos de outras pessoas? ___

____

B. Verdadeiro ou falso? Você abusará do *amor* se não tiver o Espírito Santo na sua vida.

9. Confusão e abuso caracterizam a vida daqueles que

____

____

10. Deus criou você para:

   A. Ter uma boa educação.
   B. Ir à igreja.
   C. Refletir a imagem do Criador.
   D. Ganhar a vida.

11. Qual destas opções está ligada ao seu propósito?

   A. Sua raça.
   B. Seus talentos.
   C. Seus desejos.
   D. Todas as alternativas.

12. Verdadeiro ou falso? Deus quer que você se pareça exatamente como você se parece, e aja como ele age. ______________

13. Responda:

   A. Faça uma lista com os aspectos da natureza de Deus encontrados em 1Coríntios 13.4-8, seguindo estes itens:

Deus:

1. ____

2. ____

Deus é:

1. ____

2. ____

Deus não é:

1. ______________________________

2. ______________________________

3. ______________________________

4. ______________________________

Deus sempre:

1. ______________________________

2. ______________________________

3. ______________________________

4. ______________________________

Deus nunca:

1. ______________________________

Deus não:

1. ______________________________

2. ______________________________

3. ______________________________

B. Em 13A, marque com um X as qualidades que você *está* refletindo e circule as qualidades que *não* está refletindo.

14. Por que seu espírito precisa ser reconectado ao Espírito de Deus?

____

____

15. Verdadeiro ou falso? Todos os problemas pelos quais passamos são consequências de dominarmos a terra. __________

16. Responda:

   A. Verdadeiro ou falso? É normal que os homens mantenham relações homossexuais. ________________

   B. Deus ama / abomina (*circule a alternativa*) o uso anormal.

17. Verdadeiro ou falso?

   A. A racionalização e a espiritualização podem eliminar as punições para o abuso. ________________

   B. Torcer a verdade para fazê-la encaixar-se em seus desejos não muda a verdade. ________________

18. Faça o que se pede:

   A. Escreva as palavras de João 15 que descrevem aquilo que você foi designado para produzir.

   ____

   ____

   B. Faça uma lista com os nove frutos de Gálatas 5.22-25 que Deus deseja ver em sua vida.

   ____

   ____

   C. A chave para sua vida dar fruto é ________________.

19. O que temos o poder de passar adiante, lenta e progressivamente, às pessoas?

   A. ____

   B. ____

20. Reserve agora um tempo para fazer um exame de sua vida.

   Quem / o que está controlando você?

   1. ____

   2. ____

3. ____

4. ____

5. ____

Como você pode recuperar o controle?

1. ____

2. ____

3. ____

4. ____

5. ____

Você precisa submeter-se ao controle do Espírito Santo. Caso contrário, algo ou alguém vai controlar você.

CAPÍTULO 9

Conheça seus recursos

Você nunca conseguirá mudar o mundo se for controlado por ele. Todos os recursos devem levar a Deus, a Fonte definitiva.

A maioria de nós já desejou ter mais recursos do que na realidade tem. Olhamos para os recursos de outras pessoas e ficamos com inveja, lamentando por causa de uma aparente pobreza. Essa atitude é uma pedra de tropeço para liberar todo nosso potencial, porque a visão de Deus a respeito da pobreza e da riqueza é muito diferente da nossa. Ele está mais interessado naquilo que *fazemos* com o que temos, do que em quanto nós *temos*.

POBREZA E RIQUEZA: O PONTO DE VISTA BÍBLICO

Muitas pessoas acreditam que Deus favorece o rico e priva o pobre, mas não é isso que a Bíblia ensina. Deus ama e se importa com todas as pessoas, sejam ricas ou pobres:

> O pobre e o opressor têm algo em comum: o SENHOR dá vista a ambos (Provérbios 29.13).
>
> O rico e o pobre têm isto em comum: o SENHOR é o Criador de ambos (Provérbios 22.2).

Portanto, não é Deus quem enriquece ou empobrece as pessoas. Antes, Deus fez todas as pessoas — algumas ficaram ricas e outras ficaram pobres. A chave é aquilo que você faz com os recursos que Deus lhe dá.

> As mãos preguiçosas empobrecem o homem, porém as mãos diligentes lhe trazem riqueza (Provérbios 10.4).
> Quem trabalha a sua terra terá fartura de alimento, mas quem vai atrás de fantasias não tem juízo (Provérbios 12.11).
> Não ame o sono, senão você acabará ficando pobre; fique desperto, e terá alimento de sobra (Provérbios 20.13).

A pobreza não é uma dádiva divina, mas o resultado de suas ações. Em larga medida, o tamanho de sua riqueza ou pobreza está relacionado àquilo que você faz com o que você tem. Uma pessoa que trabalha com afinco fica rica, e uma preguiçosa fica pobre. Seu sucesso não é determinado por aquilo que você tem, mas por aquilo que você faz com o que tem.

Seu sucesso não é determinado por aquilo que você tem, mas por aquilo que você faz com o que tem.

Não importa a situação financeira da sua família. Você pode decidir que não permanecerá onde sua família está. Você pode resolver que vai tentar coisas novas e trabalhar com afinco. Deus quer pessoas aplicadas, cheias de energia. Ele sempre está à procura de homens e mulheres que olham para além das circunstâncias e enxergam as possibilidades latentes.

A provisão divina para todos

Deus criou um ser humano cheio de força e o proveu de recursos com potencial ilimitado. Nada do que temos hoje foi acrescentado ou subtraído das provisões originais que Deus preparou no jardim. Mas esses recursos não estão distribuídos igualmente entre os povos que habitam o mundo. Pessoas aplicadas, que trabalham com afinco, puseram as mãos na maior parte da riqueza, enquanto pessoas inativas e preguiçosas ficaram vendo isso acontecer. Assim, o mundo conhece o rico, o pobre e os que estão em mobilidade — alguns aumentando sua riqueza e outros perdendo.

O USO EFICIENTE DOS RECURSOS

Quando Deus lhe dá recursos, ele quer que você os cultive, os desenvolva. Isso demanda esforço. O inventor é um pensador que toma uma ideia e a transforma em algo visível. Ele não cria nada, apenas usa seu potencial para imaginar, planejar e trabalhar, de forma que você consiga enxergar o que não tinha enxergado, aquilo que nem mesmo havia percebido. Assim, as pessoas que seguem adiante na vida são as que aprenderam a compreender e a usar seus recursos.

Compreenda seus recursos

Tudo tem um propósito. Você tem ou não tem disposição para descobrir o propósito de seus recursos? É isso o que determinará se você será eficiente ou não ao usá-los, pois precisará entendê-los antes de os empregar. O uso com compreensão libera o potencial. O uso sem compreensão o mata. Em outras palavras, utilizar apropriadamente os recursos eleva o potencial ao máximo, e utilizá-los de maneira inadequada (abuso) o destrói.

O uso apropriado dos recursos eleva o potencial ao máximo, e o uso inadequado (abuso) o destrói.

Dessa forma, a liberação do seu potencial depende diretamente da sua capacidade de conhecer o propósito de seus recursos, entender suas propriedades, obedecer às leis que os governam, e de abrir-se para esse potencial ilimitado. Se você descobrir quais são os seus recursos, e como eles foram projetados para operar, você terá potencial ilimitado. Mas, se você usá-los de maneira inadequada, acabará destruindo seu potencial.

A cocaína, por exemplo, é empregada nos hospitais para tratamento. Mas, se você usá-la erradamente, seu pensamento ficará distorcido e você acabará perdendo muitas das coisas que lhe são caras. Pense em substâncias como o ácido acetilsalicílico e o paracetamol que aliviam a dor. Se você usar essas substâncias de acordo com as instruções da bula, o efeito delas é benéfico. Mas, se desconsiderar as advertências sobre os limites de uso, você pode acabar morrendo ou adoecendo gravemente.

Use seus recursos

Um dos maiores problemas que a Igreja enfrenta não é a falta de recursos, mas a não utilização deles. Cada um dos recursos que Deus deu a Adão está disponível para nós. No entanto, não usamos todos eles. Em vez de enxergar as possibilidades em tudo o que Deus nos deu, dividimos os recursos em categorias e nos recusamos a usar alguns deles porque nos sentimos ameaçados pela forma que o mundo os utiliza.

O problema não é o que o mundo está fazendo ou construindo. As pessoas não têm mais recursos além dos que usam para resolver os problemas mundiais. Isso não é válido para a Igreja. A Igreja não está resolvendo os problemas do mundo porque entendemos mal os recursos que estão disponíveis para nós.

A Bíblia afirma que todas as coisas foram feitas por Deus, e, "sem ele, nada do que existe teria sido feito" (v. João 1.3). Isso significa que tudo pertence a Deus. A Bíblia também afirma que "Deus viu tudo o que havia feito, e tudo havia ficado muito bom" (v. Gênesis 1.31). Isso significa que todo recurso que o ser humano recebe de Deus é bom.

As Escrituras são claras: Deus cria e Satanás desvirtua. Satanás não consegue criar nada. A única coisa que ele consegue fazer é desvirtuar. É essa a fonte do nosso problema. A falsificação é abundante no mundo em que vivemos. Ela acontece quando Satanás usa de maneira deturpada os recursos vindos de Deus.

Deus lhe dá recursos para que você faça o que lhe compete fazer. Os recursos servem para você viver por eles, não para eles. Quando começa a viver para o dinheiro, você se mete em uma encrenca. Quando o trabalho se torna a coisa mais importante da sua vida, você pisa em terreno perigoso. Sempre que os recursos se tornam mais importantes que o propósito para o qual Deus os concedeu, você ultrapassa o limite entre o uso e o abuso.

Deus lhe dá recursos para que você faça o que lhe compete fazer.

Os recursos disponíveis

Existem cinco tipos de recurso. Você precisa compreendê-los e controlá-los caso pretenda tornar-se uma pessoa de sucesso.

Recursos espirituais

Em primeiro lugar, Deus lhe concedeu recursos espirituais. Deus o criou à sua própria imagem, e por isso lhe deu a capacidade de conectar-se a ele.

> Nem só de pão viverá o homem, mas de toda palavra que procede da boca de Deus (Mateus 4.4).

A comida espiritual está disponível em diversas formas. Primeiro e principalmente, você precisa alimentar seu espírito com a Palavra de Deus:

> Felizes são aqueles que ouvem a palavra de Deus e lhe obedecem (Lucas 11.28).

Fique em um lugar onde o ensino bíblico seja bom. Fique por ali até conseguir o alimento que está nutrindo você. Você pode cair enquanto aprende a andar de acordo com o Espírito, mas isso não é problema. Levante-se, sacuda a poeira e tente mais uma vez. Enquanto estiver ingerindo comida espiritual, você vai crescer, mudar e se fortalecer. Talvez você não perceba o crescimento, mas ele acontece, quer você veja, quer não.

Os dons do Espírito também são recursos que o alimentam:

> A cada um, porém, é dada a manifestação do Espírito, visando ao bem comum (1Coríntios 12.7).

Estão incluídas aí a palavra de sabedoria, a palavra de conhecimento, fé, milagres, curas, línguas, interpretação de línguas e profecia. Deus concedeu esses dons maravilhosos para edificar a Igreja. Se você aceitou Jesus como Senhor e Salvador, os dons estão à sua disposição.

Deus também fornece uma *armadura* para protegê-lo:

> Por isso, vistam toda a armadura de Deus, para que possam resistir no dia mau e permanecer inabaláveis, depois de terem feito tudo. Assim, mantenham-se firmes, cingindo-se com o cinto da verdade, vestindo a couraça da justiça e tendo os pés calçados com a prontidão do evangelho da paz. Além disso, usem o escudo da fé, com o qual vocês poderão apagar todas as setas inflamadas do Maligno. Usem o capacete da salvação e a espada do Espírito, que é a palavra de Deus. Orem no Espírito em todas as ocasiões, com toda oração e súplica (Efésios 6.13-18).

Verdade, justiça, paz, fé, salvação e oração. Quanta riqueza!

Acrescente à lista o jejum, a contribuição e o perdão. Se seu espírito e o Espírito de Deus estiverem ligados, você poderá usar cada um desses itens. Eles podem fazer a diferença entre um dia produtivo e um dia ruim, entre uma vida melancólica e uma vida bem-sucedida. Talvez suas circunstâncias não mudem na velocidade desejada, mas garanto que suas atitudes mudarão.

Recursos físicos

Em segundo lugar, as provisões de Deus incluem os recursos físicos. Quando Deus criou você, ele colocou um espírito dentro do seu corpo.

Graças ao dom da vida, a maravilhosa máquina física pode respirar, mover-se, comer e recuperar-se de doenças. Você pode desfrutar de muitos prazeres da vida porque Deus tomou o pó da terra e moldou seu corpo. Você pode ver a beleza das flores, do pôr-do-sol e do arco-íris. Você pode saborear a doçura do mel, ou de uma fruta tirada do pé. Pode sentir o amor de seus filhos quando circundam seu pescoço em um abraço, enquanto seus ouvidos ouvem as palavras mais doces que existem: Eu amo você, mamãe. Eu amo você, papai.

Apesar de ser tão impressionante, você não pode usar seu corpo a seu bel-prazer. Escolha criteriosamente o tipo de combustível que você coloca nele. Tome consciência de que seu corpo é para a comida, e que a comida é para o corpo. Como qualquer outro dos recursos de Deus, a falta de cuidado e as atitudes impróprias quanto ao corpo podem causar uso indevido:

> "Tudo me é permitido", mas nem tudo convém. "Tudo me é permitido", mas eu não deixarei que nada me domine. "Os alimentos foram feitos para o estômago e o estômago para os alimentos", mas Deus destruirá ambos. O corpo, porém, não é para a imoralidade, mas para o Senhor, e o Senhor para o corpo [...] Vocês não sabem que os seus corpos são membros de Cristo? (1Coríntios 6.12,13,15)

Recursos materiais

O terceiro tipo de recurso é formado pelos recursos materiais. A conversa de Adão com Deus no jardim do Éden mostra que as necessidades de Adão estavam bem supridas:

> Disse Deus: "Eis que lhes dou todas as plantas que nascem em toda a terra e produzem sementes, e todas as árvores que dão frutos com sementes. Elas servirão de alimento para vocês" (Gênesis 1.29).

Os versículos que se seguem mostram que Deus também supriu os seres humanos com ouro, resina aromática, ônix e um rio para irrigar a terra. De fato, todos esses enormes recursos geológicos e geográfico fazem parte da provisão graciosa de Deus para sua vida.

Recursos da alma

Em quarto lugar, Deus supriu você com recursos da alma. Gênesis 2.7 nos diz que "Deus formou o homem do pó da terra e soprou em suas narinas o fôlego da vida, e o homem se tornou um ser vivente". Você é espírito e tem uma alma. O apoio que você recebe de sua mente, vontade e sentimentos representa os recursos da alma que Deus lhe deu.

Pense em como seria a vida sem esses recursos. Eles são as principais formas de refletir quem você é. Seu espírito depende da sua alma, assim como seu corpo. As Escrituras reconhecem a importância da alma:

> Que adiantará ao homem ganhar o mundo inteiro e perder sua alma? Ou, o que o homem poderá dar em troca de sua alma? (Mateus 16.26).
> Amados, insisto em que, como estrangeiros e peregrinos no mundo, vocês se abstenham dos desejos carnais que guerreiam contra a alma (1Pedro 2.11).
> Amado, oro para que você tenha boa saúde e tudo lhe corra bem, assim como vai bem a sua alma (3João 2).

Jesus veio buscar a alma porque o espírito é dócil. É por meio de sua vontade, sentimentos e mente que Satanás procura atacar você. Se você proteger sua alma, seu espírito e seu corpo ficarão bem. A condição deles depende do estado da sua alma. Isso está revelado com clareza na Bíblia:

> Porque, como [uma pessoa] imaginou na sua alma, assim é (Provérbios 23.7, *ARC*).

A crença se aloja no espírito, mas o pensamento reside na alma. É possível acreditar em uma coisa e pensar outra completamente diferente. Você se torna aquilo em que pensa, não aquilo em que acredita. Por essa razão, Jesus pregava o arrependimento. Ele sabia que os pensamentos exercem mais influência sobre nós que nossas crenças.

> "O tempo é chegado", dizia [Jesus]. "O Reino de Deus está próximo. Arrependam-se [mudem a forma de pensar] e creiam nas boas novas" (Marcos 1.15).

O apóstolo Paulo explica com mais detalhes:

> Além do mais, visto que desprezaram o conhecimento de Deus, ele os entregou a uma disposição mental reprovável, para praticarem o que não deviam (Romanos 1.28).
>
> A mentalidade da carne é morte, mas a mentalidade do Espírito é vida e paz (Romanos 8.6).
>
> Não se amoldem ao padrão deste mundo, mas transformem-se pela renovação da sua mente, para que sejam capazes de experimentar e comprovar a boa, agradável e perfeita vontade de Deus (Romanos 12.2).
>
> Por isso, quem fala em um língua, ore para que a possa interpretar. Pois, se oro em uma língua, meu espírito ora, mas a minha mente fica infrutífera. Então, que farei? Orarei com o espírito, mas também orarei com o entendimento (1Coríntios 14.13-15).

Os recursos da sua alma não ficam disponíveis enquanto você não permitir que Deus transforme sua mente.

O recurso do tempo

O quinto recurso dado por Deus é o tempo. O tempo é uma interrupção temporária da eternidade. É uma mercadoria que não pode ser comprada nem vendida. A única coisa que se pode fazer com o tempo é usá-lo. Se não o usar, você o perde. O apóstolo Paulo incentivou a igreja primitiva a remir o tempo, ou a aproveitar ao máximo cada oportunidade (Efésios 5.16).

Descobri que pecar é desperdiçar tempo. Imagine o que você poderia ter feito com as horas que gastou assistindo a um filme pornográfico, sentado em uma mesa de bar ou cheirando cocaína. Você estava destruindo sua mente enquanto poderia aprender alguma coisa ou fazer sua vida progredir.

O único tempo de que você dispõe é *agora*. Arregace as mangas e use-o com sabedoria. Diga: "Deus, usarei cada minuto deste dia de maneira construtiva, efetiva e eficiente". O tempo é uma dádiva divina, um de seus recursos mais preciosos. Não aceite estar entre aqueles que o desperdiçam e depois se queixam de que não têm tempo suficiente. Faça valer as horas do seu dia.

O único tempo de que você dispõe é agora.

O QUE VOCÊ ESTÁ FAZENDO COM AQUILO QUE TEM?

Deus nos dá muitos outros recursos além do espírito, do corpo, das coisas materiais, da alma e do tempo, recursos que desafiam seu potencial. Como você está usando esses recursos? Ou você nem está ciente dessas posses?

Talvez sua casa esteja atulhada de coisas que lhe custaram muito esforço e dinheiro. Você limita sua casa a ser abrigo exclusivo para sua família, ou recebe desconhecidos nesse lugar aconchegante? Você dá valor às opiniões de seu pais e de outras pessoas mais experientes que você? Você dá graças por seu cônjuge, um auxílio gracioso recebido de Deus? Ou, se for solteiro, você aproveita a liberdade que tem para servir ao Senhor de maneira efetiva e sincera? Você se sente agradecido pelo emprego que tem, pelo senso de realização e pelas bênçãos materiais que ele propicia? Você reconhece que todos os seus bens são bênçãos vindas da mão de Deus, que lhe propicia meios para ganhar o dinheiro necessário à sobrevivência? Você divide voluntariamente seus recursos para satisfazer a necessidade de outros?

Seus recursos serão uma riqueza ilimitada se você deixar Deus abrir seus olhos para as possibilidades. Seja generoso, dê com abundância. Use de sensatez na hora de comprar alguma coisa. *Encare seus recursos como dádivas a ser usadas no serviço de Deus, e não como propriedade a ser acumulada para seu benefício e conforto.* Arrependa-se, mude sua maneira de pensar, deixe de lado a mentalidade do "preciso de mais" e use bem o que você já possui.

Deus quer que você amplie sua visão a respeito do que possui. Ele quer que você veja as bênçãos entesouradas que o cercam neste momento. Use a unção que Deus derramou na Igreja sobre seus ministros. Supere a vergonha e deixe-os ministrar às suas necessidades. Gaste tempo lendo a Palavra de Deus até que a Bíblia se torne um tesouro de conhecimento e inspiração. Vá a uma biblioteca e utilize a riqueza de conhecimento que lá está acumulada. Faça perguntas a seus mestres e àqueles que já estudaram o assunto que interessa a você. Leia a constituição do seu país e veja quais liberdades lhe são garantidas. Passe tempo com seus filhos, infundindo neles os valores que são importantes para você e obtendo deles uma percepção renovada com relação às maravilhas da vida.

Você é responsável por seus recursos

Não importa sua situação financeira, você deve prestar contas a Deus pela riqueza de seus recursos. Você tem a responsabilidade de descobrir, burilar e cultivar as preciosas dádivas que recebeu da mão de Deus. A realização dessa tarefa começa quando reconhecemos que somos de fato ricos. Talvez não aos olhos do mundo, mas certamente aos olhos de Deus. Ele examina com atenção suas atitudes e observa ansiosamente para ver se você está usando ou abusando dos recursos que lhe foram dados.

Decida hoje usar plenamente tudo o que você recebeu de Deus. Recuse-se a deixar que os padrões e as atitudes do mundo influenciem seu esforço para usar, de maneira sábia e efetiva, a riqueza de recursos que você possui.

Pois a quem tem, mais será dado, e terá em grande quantidade. Mas a quem não tem, até o que tem lhe será tirado (Mateus 25.29).

Princípios

1. Deus criou as pessoas e as supre. Algumas ficam ricas e outras pobres.
2. A riqueza e a pobreza dependem principalmente do que você faz com aquilo que tem.
3. Deus lhe dá recursos para viver *por meio* deles, não *para* eles.
4. O uso apropriado dos recursos libera o potencial.
5. O uso inadequado, ou o abuso, dos recursos extermina o potencial.
6. Existem muitos recursos que você não está usando.

Conheça seus recursos

Você nunca conseguirá mudar o mundo se for controlado por ele. Todos os recursos devem levar a Deus, a Fonte definitiva.

1. Verdadeiro ou falso? Deus está mais preocupado com aquilo que *fazemos* com o que temos do que com quanto *temos*. ________
2. Circule a resposta correta.

   A. Deus favorece os ricos.

   B. Deus retém as coisas dos pobres.

   C. Deus favorece os pobres.

   D. Deus ama os ricos e os pobres e se importa com ambos.

3. Escreva qual passagem bíblica sustenta sua resposta à questão 2.

   ____

   ____

   ____

4. Verdadeiro ou falso? A pobreza é uma dádiva divina. ________
5. O sucesso é determinado por:

   ____

   ____

6. Verdadeiro ou falso? Determinar-se a fazer coisas novas e a trabalhar com afinco são ações que podem melhorar sua situação econômica. ____________________

7. Compreender e usar seus recursos ajudará você a seguir em frente / ficar para trás (*circule a alternativa*) na vida.

8. O uso anormal dos recursos libera / destrói (*circule a alternativa*) o potencial.

9. A liberação do seu potencial depende de você:

   A. Entender o propósito de seus recursos.

   B. Obedecer às leis que governam seus recursos.

   C. Entender as propriedades de seus recursos.

   D. Todas as alternativas.

10. Cada um dos recursos que Deus nos deu é bom / ruim (*circule a alternativa*).

11. Responda:

    A. Cite dois motivos pelos quais Deus lhe deu recursos.

       1. ____

       2. ____

    B. Como descobrir quando você está abusando de um recurso?

       ____

12. Responda:

    A. Cite os cinco tipos de recurso que você precisa compreender e controlar para ser bem-sucedido.

       1. ____

       2. ____

       3. ____

       4. ____

       5. ____

B. Qual desses recursos é o mais importante? Por quê? Use uma passagem bíblica para apoiar sua resposta.

____

____

____

13. Cite três formas de recurso espiritual. Inclua uma passagem bíblica que apoie cada um deles.

A. ____

B. ____

C. ____

14. Por que a comida espiritual é importante? ________________

15. Qual é o propósito dos dons espirituais? ________________

16. Que função a armadura de Deus desempenha? ______________

17. Por que é importante cuidar do corpo e ter uma boa atitude com ele?

____

____

18. Responda:

A. Quais são os recursos da sua alma? __________________

B. Por que eles são importantes?

1. ____

2. ____

19. Como Satanás procura atacar você?

____

____

20. Por que é possível *pensar* uma coisa e, ainda assim, *acreditar* em outra?

____

____

21. Responda:

A. O que significa *arrepender-se*? ________________

B. Por que Jesus veio e pregou o arrependimento?

____

____

22. Complete:

A. "Além do mais, visto que ________________ o conhecimento de Deus, ele os entregou a uma disposição mental ________ ____________________ " (Romanos 1.28).

B. "A ________________ da carne é morte, mas a ______________ ________ do Espírito é vida e paz" (Romanos 8.6).

23. Complete e responda:

A. "Não se amoldem ao padrão deste mundo, mas transformem-se pela __________________ da sua __________________" (Romanos 12.2).

B. "Pois, se oro em uma língua, meu espírito ora, mas a minha ____________________ fica infrutífera [...] Orarei com o espírito, mas também orarei com o ______________________" (1Coríntios 14.14,15).

C. Como os recursos da alma podem ser acessados?

____

24. Complete:

A. O tempo é uma ________________ na ____________.

B. A única coisa que se pode fazer com o tempo é:

1. Perdê-lo.

2. Usá-lo.

3. Comprá-lo.

4. Vendê-lo.

25. Responda:

A. Verdadeiro ou falso? O pecado é uma perda de tempo. ______

B. Você deve planejar como usará seu tempo de maneira:

1. ______________________________

2. ______________________________

3. ______________________________

26. Verdadeiro ou falso?

A. Tudo o que você possui é uma bênção vinda da mão de Deus. ______________

B. Deus lhe dá os meios para sua sobrevivência. ________

27. Encare seus recursos como dons a ser usados no ______ em vez de propriedades a ser ________ para seu ________ ___ e ________.

28. Responda:

A. O que precisamos fazer com os dons que Deus nos deu? ______________________________

B. Somos ricos de acordo com os padrões de Deus? Explique. ______________________________

29. De acordo com Mateus 25.29:

A. Aqueles que *têm* receberão mais / menos (*circule a alternativa*).

B. Quem *não tiver* até o que tem lhe será dado / tirado (*circule a alternativa*).

30. Faça o que se pede:

A. Faça uma lista com os recursos, dons e talentos que Deus lhe deu.

B. Qual é o propósito de cada um?

C. O que você está fazendo atualmente com eles?

D. Como você poderia usá-los melhor no futuro?

Inventário dos recursos

Recursos	Propósito	Uso atual	Uso projetado

1. ____
2. ____
3. ____
4. ____
5. ____
6. ____
7. ____
8. ____
9. ____
10. _______________________________________

Use outra folha de papel se for necessário.

Você tem muitos recursos que não está usando neste momento.

Capítulo 10

Mantenha um ambiente adequado

Você é aquilo que você come, e aquilo que está comendo você.

Conta-se a história do garotinho que queria brincar com seu peixinho. Então ele foi ao aquário, pegou o peixe que se debatia e o colocou do seu lado, no chão. O menino voltou a brincar com os carrinhos e caminhões que estavam espalhados sobre o chão. Ele brincava e conversava com o peixe sobre tudo o que estava fazendo. Ficou tão absorto com seus brinquedos que se esqueceu do animal. Minutos depois, quando se lembrou, foi pegá-lo. O peixe já não se mexia na sua mão. Assustado, o menino correu com ele nas mãos em direção à mãe.

Quando ela viu o peixe, rapidamente o colocou de volta no aquário. O garoto, com lágrimas nos olhos, ficou olhando para o peixinho que boiava. O animal tinha morrido. Quando a mãe perguntou o que havia acontecido, o garoto respondeu inocentemente: "Ora, a gente estava brincando no chão quando percebei que ele não se mexia mais".

Com aperto no coração, a mãe respondeu: "Querido, você não sabia que os peixes não conseguem viver fora da água? Deus os fez para viverem dentro da água".

Essa história ilustra quanto as criaturas de Deus dependem do ambiente adequado para viver e se desenvolver. Assim como um peixe precisa de água, precisamos do ambiente específico que Deus projetou para nós, homens e mulheres. No entanto, é muito frequente perdermos a noção do impacto que o ambiente causa em nós. Ficamos debatendo-nos como peixes fora da água, e imaginando o que há de errado.

Deus tem o cuidado de definir o ambiente ideal

Quando Deus criou céus e terra, teve o cuidado de definir o ambiente ideal para tudo o que fez. Esse cuidado fica evidente, por exemplo, na localização da terra, a três planetas de distância do sol.

A presença do sol permite que a água na superfície da terra evapore, suba como vapor e se condense, formando as nuvens. Quando as nuvens ficam carregadas, liberam a água, que volta para a terra na forma de chuva. Assim, a posição precisa da terra em relação ao sol permite que a terra seja protegida da radiação solar. Além disso, o processo dá a plantas e animais a umidade necessária para que eles continuem vivendo.

Alerta sobre o ambiente impróprio

Violar o ambiente sempre causa morte. Em algum momento, a vegetação plantada em terreno árido vai ressecar e definhar. A vida selvagem que habita regiões de seca morrerá desidratada e faminta. Os peixes que nadam em águas poluídas ficarão doentes e morrerão. A Bíblia conta uma história que ilustra esse princípio.

Violar o ambiente sempre causa morte.

Jesus foi chamado para ir à casa de um homem importante cuja filha havia morrido. Ao entrar na casa, Jesus percebeu que os pranteadores profissionais já estavam no velório. Eles produziam sons desagradáveis. Depois de colocar o grupo barulhento para fora, Jesus entrou no aposento onde a menina estava. Em silêncio, ele a pegou pela mão, e a menina se levantou. A descrença e a zombaria das pessoas haviam gerado um ambiente impróprio para a ressurreição e, por isso, Jesus mudou o ambiente.

O evangelho de Marcos menciona outra ocasião em que Jesus se deparou com um ambiente que obstruía a manifestação de seu poder:

> Quando chegou o sábado, [Jesus] começou a ensinar na sinagoga, e muitos dos que o ouviam ficavam admirados. "De onde lhe vêm estas coisas?", perguntavam eles. "Que sabedoria é esta que lhe foi dada? E estes milagres que ele faz?" [...] E ficavam escandalizados por causa dele [...] [A incredulidade e o ceticismo tomaram de tal forma a mente dos amigos e vizinhos de Jesus que ele] não pôde fazer ali nenhum milagre, exceto impor as mãos sobre alguns doentes e curá-los (Marcos 6.2,3,5).

O evangelho de João registra a história de um cego que foi curado por Jesus. Os fariseus tentaram desacreditar o milagre questionando a integridade e o poder de Jesus. Quando isso aconteceu, o homem que era cego não se deixou levar pela incredulidade.

> Ele respondeu: "Não sei se ele é pecador ou não. Uma coisa sei: eu era cego e agora vejo!" [...] "Ninguém jamais ouviu que os olhos de um cego de nascença tivessem sido abertos. Se esse homem não fosse de Deus, não poderia fazer coisa alguma" (João 9.25,32,33).

Para tudo existe um ambiente ideal

Tudo foi projetado para operar dentro de um ambiente específico. As condições do ambiente são as especificações que influenciam a capacidade da criatura em cumprir seu propósito. Assim, seu potencial está diretamente vinculado a seu ambiente. Caso seu ambiente seja deficiente, você não conquistará tudo o que foi criado para conquistar. Se o ambiente for ideal, as possibilidades de você atingir seu potencial são ilimitadas.

O ambiente consiste em condições, circunstâncias e influências que o cercam e influenciam o desenvolvimento de um organismo. Por isso, tudo que o cerca ou influencia seu desenvolvimento precisa ser avaliado: o ambiente está aumentando sua capacidade de atingir seu propósito, ou está colocando empecilhos? Com quem você vive, quem é sua companhia, onde você gasta seu tempo e aquilo que você leva à sua mente: esses são os fatores que determinam aquilo que acontece na sua vida. A atmosfera interna é influenciada pelas condições externas.

Com quem você vive, quem é sua companhia, onde você gasta seu tempo e aquilo que você leva à sua mente: esses são os fatores que determinam aquilo que acontece na sua vida.

Isto é especialmente verdadeiro para o ambiente da casa. Se você quiser operar no máximo do seu potencial, cuide para estabelecer relações adequadas com seu cônjuge e seus filhos, e para sustentar uma comunhão vigorosa. A atmosfera da sua casa precisa harmonizar-se com as condições originais estabelecidas por Deus. Caso contrário, o ambiente ideal e seu potencial serão desperdiçados. Você não pode consertar outros aspectos da vida e deixar de lado as condições do seu lar.

Estude a Palavra de Deus até entender o ambiente que ele criou para você desfrutar. Depois, comece a estabelecer em sua casa uma atmosfera que dure toda a vida, em que você possa ser feliz e produtivo. Tenha cuidado especial com o que você coloca dentro de sua mente.

O AMBIENTE IDEAL PARA O SER HUMANO

Deus plantou um tesouro dentro de você. Esse tesouro não estará à sua disposição a menos que você aprenda quais são as condições ideais do seu ambiente e se esforce para mantê-lo em ótimo estado. Deus definiu o ambiente ideal quando criou o jardim do Éden e nele colocou Adão.

> Ora, o SENHOR Deus tinha plantado um jardim no Éden, para os lados do leste, e ali colocou o homem que formara. Então o SENHOR Deus fez nascer do solo todo tipo de árvores agradáveis aos olhos e boas para

> alimento. E no meio do jardim estavam a árvore da vida e a árvore do conhecimento do bem e do mal. No Éden nascia um rio que irrigava o jardim... (Gênesis 2.8-10).

Um exame da descrição do jardim mostra que:

1. Deus criou o jardim.
2. Deus plantou o jardim.
3. Deus organizou o jardim.
4. Deus estava presente no jardim.
5. Deus supriu o ser humano com tudo o que era necessário para viver no jardim, incluindo a fé.

Deus está no centro do ambiente ideal para o homem. É por isso que a vida longe de Deus é improdutiva e insatisfatória. Não é possível viver fora do ambiente que Deus projetou, pois a presença dele é indispensável. Você precisa de um relacionamento com Deus que incentive a comunhão e a obediência. Você precisa estar seguro de que ele suprirá suas necessidades e guiará seus passos. Você precisa das orientações e dos desafios que os mandamentos de Deus apresentam. Qualquer coisa a menos retardará ou eliminará a sua capacidade de desenvolver-se de acordo com os planos e propósitos de Deus.

A vida fora do jardim não inclui esses elementos. Desde que Adão e Eva foram desobedientes, não podemos nos beneficiar da presença e da comunhão com Deus. Também não podemos usufruir de sua capacidade criativa. Nossa vida está plantada em solo estrangeiro, que não foi tratado nem organizado de acordo com os planos preparados detalhadamente por Deus. O caos e a desorganização são consequências de nossa desobediência às leis e aos mandamentos que Deus ditou para nosso bem. Só restam destroços quando o ser humano está fora do ambiente de Deus.

Só restam destroços quando o ser humano está fora do ambiente de Deus.

O DESEQUILÍBRIO DO AMBIENTE NO JARDIM

O mundo de hoje está projetado para eliminar seu potencial. No momento em que você sai de casa, entra em um mundo que não tem nenhum interesse em seu potencial. As pessoas não gostam de você e o fazem sentir como se você não fosse importante. A conversa delas tira seu ânimo, e elas atacam seus valores e prioridades. Esse ataque em seu ambiente acontece desde que Adão e Eva sofreram pressões semelhantes no jardim.

> Ora, a serpente era o mais astuto de todos os animais selvagens que o SENHOR Deus tinha feito. E ela perguntou à mulher: "Foi isto mesmo que Deus disse: 'Não comam de nenhum fruto das árvores do jardim'?" (Gênesis 3.1).

O ataque satânico veio na forma de confusão mental: "Foi isto mesmo que Deus disse [...]?". Quando Eva repetiu as ordens de Deus, a serpente deu mais um passo para arruinar a fé da mulher em Deus e em suas palavras:

> Disse a serpente à mulher: "Certamente não morrerão! Deus sabe que, no dia em que dele comerem, seus olhos se abrirão, e vocês, como Deus, serão conhecedores do bem e do mal" (Gênesis 3.4,5).

Assim, a serpente debilitou muito a fé da mulher em Deus. A corrupção progressiva que tomou conta de Eva também está à sua espreita.

A contaminação começa com os olhos. Ver não é pecar, e olhar não mata ninguém. Mas, se você vir, vai desejar. Se desejar, vai pegar. Se pegar, vai comer. Assim, ver é a abertura à qual as ações e os pensamentos pecaminosos se agarram. Se você não quiser comer, não olhe.

> Quando a mulher viu que árvore [...] era atraente aos olhos ... (Gênesis 3.6).

> Os olhos são a candeia [a lâmpada] do corpo. Se os seus olhos forem bons, todo o seu corpo será cheio de luz. Mas se os seus olhos forem maus, todo o seu corpo será cheio de trevas (Mateus 6.22,23).

O problema se acentua quando você nem se pergunta se a ação é certa ou errada, e passa a analisar o mérito relativo daquilo que você deseja. Isso é especialmente verdade caso seu conceito de bom não seja igual ao conceito de bom adotado por Deus.

> ... a mulher viu que a árvore parecia agradável ao paladar... (Gênesis 3.6).

O desejo contamina o ambiente porque faz você desejar algo a qualquer custo. Seus olhos ficam embaçados e sua visão fica turva até tudo parecer correto, apesar de estar errado. Quando o desejo o fizer desejar intensamente algo, não importando as consequências, aguente firme. Talvez você agarre algo que acabe por queimá-lo!

> Quando a mulher viu que a árvore parecia [...] desejável para dela se obter discernimento... (Gênesis 3.6).

O pecado entra em sua vida quando seu ambiente fica tão corrompido que você desobedece às ordens de Deus. Então, você experimenta a debilidade que vem depois da desobediência. De repente, você se meteu em uma confusão e está sozinho. Já não tem um relacionamento com Deus e não pode contar com o poder e a sabedoria divinos para lidar com seus problemas. É nesse ponto que você começa a perder a sanidade. É aí que o sofrimento e a angústia tomam conta dos seus dias. Deus nem precisa condenar você pelo pecado, pois a atmosfera contaminada pela culpa e pelas desculpas cuidará disso.

> Quando a mulher viu que a árvore parecia agradável ao paladar, era atraente aos olhos e, além disso, desejável para dela obter conhecimento, tomou do seu fruto, [e o] comeu (Gênesis 3.6).

Deus nem precisa condenar você pelo pecado, pois a atmosfera contaminada pela culpa e pelas desculpas cuidará disso.

Os efeitos causados por um ambiente desordenado

Depois de serem expulsos do jardim, Adão e Eva entraram em um mundo desordenado. A primeira evidência dessa confusão surge quando Caim mata Abel, seu irmão. Os dois filhos tinham apresentado sacrifícios ao Senhor, mas o Senhor se agradou da oferta de Abel, e não da oferta de Caim. A raiva e o ciúme causaram uma calamidade, pois o assassinato entrou em cena no mundo.

Muitas gerações depois, continuamos a ver a disfunção que acontece em um ambiente contaminado. Lameque, um dos descendentes de Caim, casou-se com duas mulheres (v. Gênesis 4.19), e a infidelidade faz sua primeira aparição no mundo. Deus colocou no jardim um homem junto com uma mulher. Fora do jardim, o casamento perdeu a santidade, e os homens começaram a ter duas esposas.

À época de Noé, o mundo estava tão enlouquecido que "o Senhor viu que a perversidade do homem tinha aumentado na terra e que toda inclinação dos pensamentos do seu coração era sempre e somente para o mal" (Gênesis 6.5). Os pensamentos do homem eram de tal maneira controlados pela maldade que ele só dizia e fazia coisas erradas. Uma transgressão levava a outra, que levava a outra para acobertar a primeira, até que a vida se tornou uma longa sucessão de ações e pensamentos pecaminosos. Deus ficou tão aflito com essa situação que destruiu a terra e todas as pessoas que a habitavam.

Algum tempo depois, os homens decidiram fazer algo que lhes desse fama e começaram a construir uma torre que alcançaria o céu (v. Gênesis 11.3,4). Esse egoísmo revela outros aspectos das consequências geradas por um ambiente desordenado. É quando queremos tudo para nós mesmos, e nem consideramos Deus ou o próximo.

O mal que caracterizava o mundo descrito em Gênesis também infesta nosso mundo. Um homem atira na esposa e nos filhos. Uma mulher faz um aborto. Um adolescente com ciúme esfaqueia até a morte outra adolescente por causa de um ex-namorado. Esses e muitos outros horrores mostram um sistema de valores corrompido, que dá pouco ou nenhum valor à vida humana. Isso deixa à mostra as consequências desastrosas do pecado, e as consequências da expulsão do jardim. A esmo em um mundo repleto de comportamentos desviados, testemunhamos e passamos por um sem número de tragédias.

O mundo ficou tão completamente dominado pelas forças do mal que o amor e a paz pretendidos por Deus para o homem foram substituídos por ódio, ciúme, imoralidade e raiva. O sofrimento de famílias e casamentos desfeitos nos tocou a todos. Nossa vida fica nublada pelo medo e pela ansiedade que nos fazem até mesmo enxergar nossa carne e sangue como inimigos. As consequências da promiscuidade sexual nos encaram, olhando-nos no olho. O ambiente está fora de controle e estamos impotentes sem conseguir pôr-lhe um freio.

Auxílio em meio ao desamparo

Jesus conta uma história que indica a solução para nosso ambiente cheio de confusão: um pai tinha dois filhos. Certo dia, não muito depois de pedir ao pai sua parte da herança, o filho mais novo saiu de casa e foi para um país distante, e lá desperdiçou sua fortuna vivendo como queria. Depois de ter gastado tudo, ele ficou com tanta fome que ficou com vontade de comer a comida servida aos porcos.

> "Caindo em si, ele disse: 'Quantos empregados de meu pai têm comida de sobra, e eu aqui, morrendo de fome! Eu me porei a caminho e voltarei para meu pai, e lhe direi: Pai, pequei contra o céu e contra ti. Não sou mais digno de ser chamado teu filho; trata-me como um dos seus empregados'. A seguir, levantou-se e foi para seu pai" (Lucas 15.17-20).

Que frase reveladora: "Caindo em si...". Ela mostra que o filho se considerava pobre e acreditava na satisfação de seus desejos. Ele confiou que seu pai era suficientemente bondoso e voltou para casa, pedindo perdão.

Deus conhece bem a insanidade do mundo. Ele oferece a si mesmo como solução para seus problemas. Por meio de Jesus, ele tomou a iniciativa de restaurar a atmosfera do jardim, concedendo-nos a dádiva de sua presença, de sua comunhão, e a liberdade de obedecer-lhe. Mas Deus não obrigará você a aceitar o ambiente renovado que ele oferece. Assim como o pai do filho revoltado, Deus espera até você cair em si, admitir seu pecado e sua necessidade de perdão. Só então Deus pode dar sentido a seu mundo.

Deus conhece bem a insanidade do mundo.

Deus lidou com o problema de um ambiente contaminado na vida de Abraão, e para isso pediu a ele que deixasse tudo para trás (v. Gênesis 12.1-4). Por quê? Porque Deus sabia que o relacionamento de Abraão com ele ficaria comprometido pela influência negativa exercida por sua família e amigos.

Em que estado se encontra seu ambiente?

Reserve alguns minutos para examinar seu ambiente. É animador ou degradante? Enriquece sua vida espiritual, ou prejudica a obra do Espírito de Deus no seu coração? A obediência a Deus é a norma daqueles com quem você passa seu tempo, ou é a rebelião e a desobediência que caracterizam o estilo de vida de seus amigos mais próximos?

Moisés ensina os israelitas a mergulhar nos mandamentos de Deus:

> Que todas estas palavras que hoje lhe ordeno estejam em seu coração. Ensine-as com persistência a seus filhos. Converse sobre elas quando estiver sentado em casa, quando estiver andando pelo caminho, quando se

> deitar e quando levantar. Amarre-as como um sinal nos braços e prenda-as na testa. Escreva-as nos batentes das portas de sua casa e em seus portões (Deuteronômio 6.6-9).

Recomendo que você também adote essa prática. Pois é de um coração centrado em Deus que fluem as dádivas da fé, do perdão e da obediência. Esses ingredientes essenciais do ambiente projetado por Deus testificam o relacionamento com o Cristo Ressurreto. Este se apega à promessa de sua presença e se delicia na alegria da comunhão com Deus. Elas são a herança daqueles que sustentam um ambiente positivo para que seu potencial seja liberado, pois um relacionamento com Deus sempre provê um ambiente correto.

Uma lista para verificar as condições do seu ambiente

1. Quem são seus amigos?
2. Quais livros você lê?
3. A que filmes você assiste?
4. Quais revistas ocupam suas prateleiras?
5. Quais são seus *hobbies*?
6. Quais são suas atividades de lazer?
7. Quem satisfaz seus apetites musicais?
8. Quem são seus heróis?
9. Quem satisfaz sua espiritualidade?
10. As condições de sua casa, escola, trabalho e lazer são propícias para você alcançar seus objetivos?

Todos esses itens devem ser cuidadosamente separados, analisados e ajustados para satisfazer, realçar e fomentar a liberação de seu potencial.

Princípios

1. Deus projetou tudo para operar em um ambiente específico.
2. As condições sob as quais você funciona corretamente incluem: a presença de Deus, um relacionamento com Deus, a comunhão com Deus e a liberdade de obedecer-lhe.
3. Confiança, fé, perdão e obediência são componentes necessários a um ambiente ideal.
4. Tenha sempre a Palavra de Deus em seus lábios, para criar uma atmosfera positiva.
5. Um ambiente inadequado destrói o potencial.
6. Abandone um ambiente inadequado, ou modifique-o.

Mantenha um ambiente adequado

Você é aquilo que você come, e aquilo
que está comendo você.

1. Que tipo de cuidado Deus tomou quando definiu nosso ambiente?

   A. Nenhum cuidado.

   B. Algum cuidado.

   C. Muito cuidado.

   D. Cuidado extremo.

2. Violar o ambiente sempre produz vida / morte (*circule a alternativa*).
3. O ambiente inadequado pode obstruir a manifestação do poder de Deus? Use Marcos 6.2,3,5 para dar sua resposta.

   ____

   ____

   ____
4. Verdadeiro ou falso? Tudo foi projetado para funcionar dentro de um ambiente específico. ______________
5. Verdadeiro ou falso? Seu potencial *não* está diretamente relacionado com seu ambiente. ______________

6. Caso seu ambiente apresente irregularidades, você terá sucesso / fracasso (*circule a alternativa*) em conquistar tudo o que foi criado para conquistar.
7. O que acontece na sua vida é determinado:

   A. Pelas pessoas com quem você vive.
   B. Pelas companhias com quem você anda.
   C. Por onde você gasta seu tempo.
   D. Por aquilo que você coloca dentro da sua mente.
   E. Todas as alternativas.

8. Verdadeiro ou falso? Você consegue consertar todos os aspectos de sua vida e ignorar as condições do seu lar.____________
9. Verdadeiro ou falso? Você precisa estudar a Palavra de Deus até compreender o ambiente que Deus criou para você desfrutar.

   ____
10. O tesouro que está dentro de você será liberado somente quando:
    A. ________________________
    B. ________________________
11. Descreva o papel desempenhado por Deus no jardim do Éden (Gênesis 2.8-10):

    A. Deus ____________________
    B. Deus ____________________
    C. Deus ____________________
    D. Deus ____________________
    E. Deus ____________________

12. Deus / o homem (*circule a alternativa*) está no centro do ambiente ideal para o ser humano.

13. O que acontece quando desobedecemos às leis e aos mandamentos de Deus?

____

14. Qual figura mostra a condição espiritual do homem:

A. Dentro do ambiente de Deus? ____________

B. Fora do ambiente de Deus? ____________

15. O mundo está projetado para proteger / destruir (*circule a alternativa*) seu potencial.

16. O ataque de Satanás veio na forma de contaminação ________ ________.

17. Circule o diagrama que descreve a origem da contaminação. Justifique sua escolha com textos bíblicos. ____________________

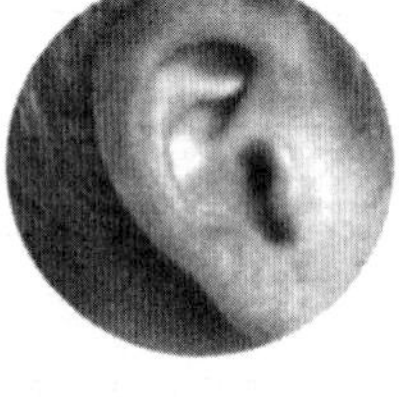
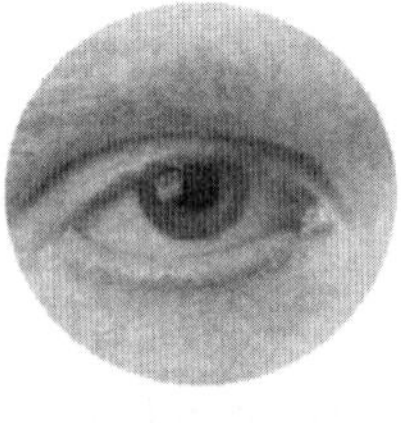

18. Verdadeiro ou falso? Depois da desobediência vem a debilidade.

____

19. Qual foi a primeira evidência de confusão depois que Adão e Eva foram expulsos do jardim?

____

____

20. Qual distúrbio apareceu quando Lameque se casou com duas mulheres?

____

____

21. Qual foi o plano original de Deus para o casamento (no jardim)?

____

____

22. Em que condição estava o "coração" do homem na época de Noé?

____

____

23. O que gerou um ambiente impróprio em Gênesis 11.3,4?

____

____

24. Verdadeiro ou falso? A maldade que caracterizava o mundo, tal como descrita no livro de Gênesis, não existe mais. __________

25. O ambiente de hoje está sob controle / fora de controle (*circule a alternativa*).

26. Em Lucas 15.17-20, quando o filho mais novo saiu de casa, ele estava em si / fora de si (*circule a alternativa*).

27. Quando o filho voltou para casa, ele caiu em si / estava fora de si (*circule a alternativa*). Justifique sua resposta usando a Bíblia.

____

____

28. Como podemos experimentar o ambiente renovado que Deus oferece?

____

____

29. Em Deuteronômio 6.6-9, quais palavras de ação nos dizem o que fazer com os mandamentos de Deus?

A. Ensinar com persistência (exemplo)

B. ______________________

C. ______________________

D. ______________________

E. ______________________

30. Responda:

A. Faça uma lista para verificar suas condições ambientais.

1. Quem são seus amigos?

____

2. Que tipo de livro você lê?

____

3. A que tipo de filme você assiste?

____

4. Que revistas ocupam suas prateleiras?

____

5. Quais são seus *hobbies*?

____

6. O que você faz nas horas de lazer?

____

7. Quem satisfaz seus apetites musicais?

____

8. Quem são seus heróis?

____

9. Quem lhe dá alimento espiritual?

____

10. As condições de seu lar, escola, trabalho e lazer são propícias para você atingir seus objetivos?

____

B. Quais áreas (se houver) você precisa ajustar para criar o ambiente correto à liberação de seu potencial?

Abandone o ambiente inadequado, ou modifique-o.

CAPÍTULO 11

Trabalho: a chave mestra

Alguns sonham com realizações dignas de valor. Enquanto isso, outros ficam acordados e realizam seus sonhos.

Jim Michaels, telejornalista de Louisville no Kentucky, certa vez comentou que "muitos trabalhadores preferem ir para casa em vez de ir em frente". Essa falta de entusiasmo fica evidente nas atitudes de muitos que consideram sua ocupação insossa, pesada, repetitiva, entediante e irritante. Já que passamos boa parte do dia trabalhando, no transporte para o local de trabalho ou pensando em questões de trabalho, não é de admirar que nosso sentimento em relação a ele tenha um componente depressivo. De fato, a única alegria que muitos têm no emprego é matar o tempo.

Embora muitos trabalhadores suponham que as coisas são melhores para os altos executivos e para outros que recebem bons salários, aqueles que supervisionam 500 funcionários atrás de uma mesa de mogno não estão imunes a essa mesma sensação negativa sobre o trabalho. Estes também estão propensos a ver a ocupação como algo a ser temido, tal como a morte e os impostos.

Essa atitude diante do trabalho se tornou uma grande preocupação para governos, corporações e meios de comunicação. Grandes problemas como baixa qualidade de trabalho, baixa produtividade e serviços deteriorados atrasam o crescimento e, por isso, aumentam o desejo e a necessidade de se oferecer incentivos e exercícios motivacionais. Assim, aulas de aeróbica, salas de ginástica e pistas de corridas se tornaram o foco de muitos esforços e despesas no ambiente de trabalho.

Além das tentativas de aumentar a vitalidade e a determinação do trabalhador médio, líderes corporativos e governamentais estão estudando os mais vigorosos centros de produtividade do mundo. Boa parte da atenção está voltada para o Japão, onde a arte do trabalho foi dominada desde a Segunda Guerra Mundial.

Depois da Segunda Guerra Mundial, o Japão era um país arruinado. Muitos prédios foram destruídos e muitas pessoas foram eliminadas por bombas atômicas. O país virou um monturo de escombros. Após a guerra, os Estados Unidos e outros países ajudaram a reconstruí-lo. Especialistas em computação e em agricultura, cientistas, professores e executivos foram ajudar os japoneses a reconstruir seu país. Eles montaram fábricas e obrigaram os trabalhadores a aceitar bem menos do que recebiam os trabalhadores americanos. Por causa da devastação pós-guerra, os japoneses concordaram. Hoje o Japão é uma potência a ser encarada com respeito. Sua potência está baseada no poderio econômico, e não militar. A arma que eles usam é o dinheiro.

O QUE GOVERNA SUA VIDA?

Não importa quanto economistas e políticos dissequem as coisas, o poder na nossa sociedade pode ser reduzido a dois elementos básicos: *Deus* e *dinheiro*. Essas são as principais forças atuando no mundo. Jesus avisou que devemos servir a um ou a outro:

> Ninguém pode servir a dois senhores; pois odiará um e amará o outro, ou se dedicará a um e desprezará o outro. Vocês não podem servir a Deus e ao Dinheiro (Mateus 6.24).

Escolher um ou outro será um fator de impacto na liberação do seu potencial, pois a força básica na sua vida determina aquilo que o motiva. Se é o dinheiro que o motiva, a ganância guiará suas ações. Se Deus é a fonte da sua vida, seus propósitos guiarão suas ações. As Escrituras prometem que Deus satisfará as necessidades daqueles que são leais e ele:

> Portanto eu lhes digo: Não se preocupem com sua própria vida, quanto ao que comer ou beber; nem com seu próprio corpo, quanto ao que vestir. Não é a vida mais importante que a comida, e o corpo mais importante que a roupa? [...] Pois os pagãos é que correm atrás dessas coisas; mas o Pai celestial sabe que vocês precisam delas. Busquem, pois, em primeiro lugar o Reino de Deus e a sua justiça, e todas essas coisas lhes serão acrescentadas (Mateus 6.25,26,32,33).
>
> Meu filho, não se esqueça da minha lei, mas guarde no coração os meus mandamentos, pois eles prolongarão a sua vida por muitos anos e lhe darão prosperidade e paz (Provérbios 3.1,2).
>
> O SENHOR não deixa o justo passar fome... (Provérbios 10.3).

As Escrituras também nos advertem de que a lealdade ao dinheiro traz dificuldades e leva à falência:

> Os tesouros de origem desonesta não servem para nada... (Provérbios 10.2).
>
> O avarento põe sua família em apuros... (Provérbios 15.27).
>
> O infortúnio persegue o pecador, mas a prosperidade é a recompensa do justo. O homem bom deixa a herança para os filhos dos seus filhos, mas a riqueza do pecador é armazenada para os justos (Provérbios 13.21,22).

Isso é verdade porque o amor ao dinheiro promove uma moral corrompida e valores pervertidos. A necessidade de acumular cada vez mais bens joga sombra sobre os interesses divinos na verdade e na honestidade. Isso pode chegar a ponto de o engano e a desonestidade definirem o que você faz e como faz.

> O ímpio recebe salários enganosos, mas quem semeia a retidão colhe segura recompensa [...] Quem confia em suas riquezas certamente cairá, mas os justos florescerão como a folha verdejante (Provérbios 11.18,28).
>
> O salário do justo lhe traz vida, mas a renda do ímpio lhe traz castigo (Provérbios 10.16).

O conflito entre Deus e o dinheiro fica evidente nas atitudes que temos diante do trabalho.

Você trabalha ou vai para o emprego?

A maioria de nós quer um emprego, mas não quer um trabalho. Queremos o dinheiro, mas não queremos despender energia. Nada é tão deprimente e frustrante quanto uma pessoa interessada em ter um emprego, mas não em trabalhar. Pessoas assim representam um prejuízo. Elas têm mais interesse em defender o emprego que em trabalhar. Preocupam-se mais com o holerite do que em fazer um bom trabalho.

Essa atitude é completamente contrária ao conceito que Deus faz do trabalho. Deus quer que você trabalhe bem, não que você fique protegendo seu emprego. Ele está mais interessado na sua atitude que na situação do seu talão de cheques. Ele tem poder para aumentar o saldo da sua conta corrente, mas não pode obrigar você a adotar uma atitude positiva diante do trabalho.

A opinião negativa que temos do trabalho

Thomas Edison foi um grande inventor. Muitas das coisas de que desfrutamos hoje, incluindo a luz elétrica, são fruto da sua disponibilidade responsável diante de suas possibilidades ocultas. Ele não tinha medo de arregaçar as mangas e ir até o fim do seu potencial para tornar visível aquilo que já existia, mas não podia ser visto. Sua vida espelhou suas palavras: "A genialidade é 1% de inspiração e 99 de transpiração".

"A genialidade é 1% de inspiração e 99 de transpiração."

É muito frequente deixarmos que o sofrimento e a transpiração do trabalho escondam as bênçãos. Supomos que o trabalho é um mal necessário sem examinarmos as coisas boas que ele traz. A origem de nosso erro conceitual é que fazemos uma equivalência entre pecado e trabalho. *Embora o trabalho não exista por causa do pecado, de fato o pecado mudou as condições do trabalho.*

> Maldita é a terra por sua causa; com sofrimento você se alimentará dela todos os dias da sua vida. Ela lhe dará espinhos e ervas daninhas, e você terá que alimentar-se das plantas do campo. Com o suor do seu rosto você comerá seu pão, até que volte à terra, visto que dela foi tirado (Gênesis 3.17-19).

O trabalho planejado por Deus foi dado ao homem antes de o pecado entrar no mundo. O relato de Adão dando nome aos animais vem antes do relato da desobediência de Adão e Eva. O trabalho tal como o conhecemos — com sofrimento, suor e dificuldades — revela a devastação causada pela desobediência.

Quando Deus disse a Adão: "Domine o mundo que fiz, governe sobre este planeta", a vida era nova e tenra, e Adão não conhecia nada do poder que Deus tinha embutido em seu cérebro. Por isso Deus pediu a ele que inventasse um nome diferente para cada animal. Quando começou a dar nomes às aves do ar e às feras do campo, Adão descobriu seu próprio potencial. Assim, o trabalho é uma bênção que revela aquilo que você consegue fazer. É a chave mestra que libera seu potencial.

Concepções errôneas acerca do trabalho

A maioria de nós não compreende a importância do trabalho. Preferimos descansar e relaxar a ter um bom dia de trabalho. A liberação do nosso potencial demanda que reconheçamos e superemos as falácias que caracterizam nossa opinião sobre o trabalho.

Seis dias trabalharás...

Nossa sociedade se inclina para o descanso. Cremos que feriados, férias e fins de semana são melhores que os dias úteis. A adoração que devotamos ao tempo livre reflete a premissa de que o descanso é preferível ao trabalho. É um pressuposto falso. O descanso não é melhor que o trabalho.

Quando Deus criou o mundo, ele trabalhou seis dias e descansou um (v. Gênesis 2.2). Ele também nos ensinou a trabalhar seis dias e descansar um (v. Êxodo 23.12). A consequência do desejo de trabalhar um dia e descansar seis fica evidente no tédio e na infelicidade que infestam nosso mundo.

O trabalho sempre produz mais desenvolvimento e satisfação pessoal que o descanso. O trabalho incita suas capacidades criativas e se abastece do estoque oculto do seu potencial. Se você não estiver realizado, provavelmente está descansando demais. Você está entediado porque não está trabalhando. Você não pode fugir do trabalho e achar que será feliz. O trabalho é a energia que o mantém vivo. É a essência que dá sentido à vida. Ter seis meses de férias não é a medida definitiva do sucesso, nem a prescrição final para a alegria.

Se você não estiver realizado, provavelmente está descansando demais.

A aposentadoria não faz parte do plano de Deus

A segunda falácia que influencia a opinião que temos sobre o trabalho é o pressuposto de que a aposentadoria é o objetivo do trabalho. Você não foi projetado para se aposentar. Você teve sua origem em Deus, e Deus não se aposentou. Desde então ele está trabalhando, uma vez que ele chamou à visibilidade o que era invisível. Portanto, a aposentadoria não faz parte dos planos de Deus para sua vida. Deus criou o ser humano dando a ele um espírito imortal e um potencial eterno e, por isso, arrumou trabalho para deixá-lo ocupado eternamente. Ah, sim, você pode aposentar-se de uma organização específica ou de um emprego, mas nunca da vida e do trabalho. *Você morre no momento em que parar de trabalhar, pois o trabalho é parte essencial da vida.*

Você já conheceu algum aposentado incomodado e amargurado, que cria confusão e está caduco? Esse aposentado ficou assim porque se aposentou, não trabalha mais. A falta de trabalho o enlouqueceu, porque tirou dele os meios de realização.

Assim como um carro funciona com gasolina, nosso combustível é o trabalho. Fomos criados para nos sentir saudáveis e felizes enquanto despendemos energia para revelar tudo aquilo que Deus colocou dentro de nós. Fomos projetados para encontrar satisfação ao observar o fruto do nosso esforço. É por isso que a inatividade normalmente gera depressão e abatimento. Deus não tinha a intenção de ver-nos andar a esmo e vadiando.

Deus descansou quando ficou cansado. Ele não se aposentou. Então ele diz para você: "Ainda estou trabalhando. Por que você parou? Ainda preciso de coisas que existem dentro de você". Que Deus o livre do espírito da aposentadoria, porque a aposentadoria é uma afronta a Deus, além de não ser bíblica. A aposentadoria não se encaixa no plano de Deus para os seres humanos.

Não é possível conseguir algo sem dar alguma coisa em troca

A terceira falácia que afeta negativamente nossa compreensão do trabalho é a crença de que é possível conseguir algo dando nada em troca. Em nenhum aspecto essa falácia fica mais evidente que na fascinação que temos com as loterias. Resultados de sorteios são anunciados toda noite em transmissões de rádio e televisão. Esquemas do tipo "fique rico agora", cassinos e *shows* de televisão cativam milhões, alimentando essa postura. As mensagens do mundo incitam o desejo de conseguir algo sem dar nada em troca. Infelizmente, as pessoas são ludibriadas por essa propaganda espalhafatosa. Enquanto não abandonarmos essas tentativas medonhas de receber benefícios sem esforço, seremos privados das bênçãos do trabalho, pois o trabalho é a trajetória escolhida por Deus para uma existência satisfatória e relevante.

> *O trabalho é a trajetória escolhida por Deus para uma existência satisfatória e relevante.*

Não é possível cumprir seu propósito sem o trabalho. Tentar ganhar dinheiro jogando na loteria é como pegar um atalho proibido para a realização pessoal. E você também não consegue alcançar as intenções de Deus para sua vida se colher os benefícios dos esforços de outras pessoas. Aqueles que ganham na loteria normalmente dizem que ficaram mais infelizes depois de terem recebido todo aquele dinheiro. Por quê? Porque eles perderam os motivos para levantar de manhã.

Sem propósito, a vida perde seu sentido. A satisfação de ter um mordomo não é tanta porque ela demanda esforço. De fato, ganhar 1 milhão de dólares pode até matá-lo, se você parar de trabalhar. Talvez seu corpo vivesse por algum tempo, mas seu potencial — seu eu verdadeiro — morreria por falta de uso. A alegria de viver desapareceria.

Deus dá o trabalho para satisfazer nossa necessidade de realização pessoal. Quando você tenta conseguir algo em troca de nada, perde a oportunidade de sentir-se gratificado, pois o esforço é a chave para a satisfação. A vida confirma esse dado de diversas maneiras. *Benefícios sem trabalho curto-circuitam a realização* porque normalmente avaliamos melhor as coisas que nos custaram muito empenho. Você se lembra de tudo o que teve de fazer para conseguir aquilo, e dessa memória surge a estima e o zelo pelo resultado do seu esforço. As loterias satisfazem sua necessidade por posses, mas lhe negam o orgulho de obtê-las mediante o trabalho árduo. Essa é a fraqueza do sistema de bem-estar que tira do indivíduo a responsabilidade, a gratificação e o orgulho pessoal que vêm junto com o autodesenvolvimento e o autorrealização.

Trabalho e responsabilidade

A única maneira de se livrar dos efeitos dessas falácias é descobrir que o amor ao trabalho é o segredo para uma vida produtiva. *Sem o trabalho, você ficará desorientado e acabará sucumbindo à atrofia.* Sua própria sobrevivência ficará ameaçada quando os diversos aspectos da sua vida se desintegrarem por falta de propósito. A necessidade de trabalhar é tão intensa que a ausência de trabalho é a questão em geral subjacente aos problemas de relacionamento interpessoal.

Por exemplo, se um homem casa pensando apenas nos prazeres do casamento e esquece as responsabilidades de ter uma família, começa a se ressentir daquilo que naturalmente acompanha o casamento e o estabelecimento de um lar — coisas como aluguel, compra de eletrodomésticos, financiamento do carro, contas de supermercado, ou mesmo as despesas com filhos. Com o tempo, as responsabilidades razoáveis de um homem e de uma família começam a parecer pouco razoáveis. Então, os deveres de marido e pai tornam-se fardos. É nesse ponto que os problemas aparecem, porque o homem começa a buscar um jeito de sair dessa situação aparentemente insuportável. É quando ele começa a evitar sua casa, porque culpa esposa e filhos por sua enorme responsabilidade. É quando ele começa a agir de maneira irresponsável, indo atrás de uma mocinha que não lhe pede que pague as contas ou a ajude a satisfazer as demandas da vida familiar. Em resumo, ele começa a chamar a responsabilidade de pressão.

O trabalho é a maneira divina de transformar seu potencial em ação. Por meio do trabalho, Deus abre a porta de seu tesouro interno e ensina você a usar talentos e capacidades para dar conta das muitas responsabilidades da vida. O trabalho e a capacidade de assumir responsabilidades andam juntos, pois o trabalho demanda que você enfrente novos desafios, ouse assumir o risco de fracassar para demonstrar sua capacidade de ter sucesso, além de induzi-lo a dar os passos que transformam seus sonhos em realidade.

Deus quer que você realize tudo o que você foi criado para fazer e ser. É por isso que ele está constantemente lhe dando tarefas que revelam cada vez mais a riqueza que existe em você. Pouco a pouco, Deus está aparando seu tesouro de riqueza, tentando liberar tudo o que colocou dentro de você. Mas você precisa cooperar com ele. Você precisa recusar-se a aceitar a mentalidade do descanso-aposentadoria/posso-conseguir-algo-sem-dar-nada-em-troca, pois ela roubará de você a necessidade de trabalhar. Quando você aceitar a responsabilidade do trabalho e deixar Deus mudar suas percepções a respeito, verá uma diferença na sua vida. É que Deus colocou o trabalho como uma prioridade para a gratificação pessoal. O trabalho é a *chave mestra* para liberar seu potencial.

Princípios

1. Deus ou o dinheiro dominará sua vida.
2. A lealdade ao dinheiro causa problemas físicos, financeiros, sociais, emocionais e espirituais.
3. Deus quer que você seja um trabalhador competente, não uma pessoa que apenas se mantém no emprego.
4. O trabalho é uma bênção que revela aquilo que você pode fazer.
5. O trabalho sempre produz mais crescimento pessoal e satisfação que o descanso.
6. A aposentadoria não faz parte do plano de Deus para sua vida. Você morre quando para de trabalhar.
7. Você tem necessidade de se realizar, e Deus lhe deu o trabalho para satisfazer essa necessidade.
8. O potencial precisa do trabalho para se manifestar.

Trabalho: a chave mestra

Alguns sonham com realizações dignas de valor. Enquanto isso, outros ficam acordados e realizam seus sonhos.

1. O Japão é um país poderoso, fundamentado em seu poderio econômico / militar (*circule a alternativa*).

2. Responda:

   A. O poder na nossa sociedade pode ser reduzido a dois elementos fundamentais: ________________ e ____________.

   B. O que Jesus diz a respeito desses elementos em Mateus 6.24?

   ____

   ____

   ____

3. É importante saber se você serve a Deus ou ao dinheiro? Explique.

   ____

   ____

4. Complete estes pensamentos:

   Se você é controlado:

   A. Pela ganância, sua motivação é o ________________.

B. Pelo propósito divino para sua vida, sua motivação é ________.

5. Que poder motiva você a trabalhar? ________________

6. Verdadeiro ou falso? De acordo com as Escrituras:

   A. Devemos preocupar-nos com nossa vida. ________

   B. A comida é mais importante que a vida. ________

   C. As roupas são mais importantes que o corpo. ________

   D. A lealdade ao dinheiro traz problemas. ________

   E. Nosso Pai celestial sabe do que precisamos. ________

   F. Devemos buscar primeiro o Reino de Deus e sua justiça. ____

   G. Quando buscamos primeiro a Deus, Deus promete suprir-nos com tudo aquilo de que precisamos. ________

7. De acordo com Provérbios 3.1,2, guardar os mandamentos de Deus irá:

   A. ________________________________

   B. ________________________________

8. O Senhor permite / não permite (*circule a alternativa*) que o justo passe fome.

9. Tesouros obtidos de maneira escusa têm / não têm valor (*circule a alternativa*).

10. O ganancioso traz bênçãos / aborrecimentos (*circule a alternativa*) para sua família.

11. O amor ao dinheiro promove uma moral ________________ e valores ________________.

12. Quem confiar nas riquezas ________________.

13. O justo florescerá como uma ________________.

14. O salário do justo lhe traz ________________.

15. Deus quer que você seja um trabalhador aplicado / preguiçoso (*circule a alternativa*).

16. Responda:

    A. Dê o nome do famoso inventor da luz elétrica. ____________

    B. Qual é a definição de genialidade? ________________

17. Circule as palavras que completam corretamente a seguinte frase. Quando o pecado mudou as condições do trabalho, o ser humano foi obrigado a: suar; relaxar; lutar; labutar; sofrer dores; divertir-se.

18. O trabalho é a chave ________________ para liberar seu ______ __________.

19. ________________ dias trabalharás.

    A. Zero

    B. Dois

    C. Cinco

    D. Seis

20. Se não estiver realizado, é provável que você esteja trabalhando / descansando (*circule a alternativa*) demais.

21. A aposentadoria faz / não faz (circule a alternativa) parte do plano de Deus.

22. No minuto em que deixa de trabalhar, você começa a _______. Por quê? ____

23. Um carro usa ________________ como combustível. Você usa o ________________ como combustível.

24. Acerte a ordem das letras para descobrir a maneira de as pessoas obterem algo em troca de nada:

    stoeiro vitesilevo _______________________

ssinaco ____________________

aitelor _____________________

proesçômo _________________

25. O trabalho é o caminho divino para _______________.
26. A vida levada "na flauta" não é fácil de verdade, porque a satisfação demanda ____________________________________.
27. Qual é o ponto fraco da aposentadoria?

    ____

28. Qual é o segredo para uma vida produtiva?

    ____

29. A ausência de _______________ normalmente é a questão que está em geral subjacente aos problemas nos relacionamentos interpessoais.
30. Responda:

    A. Dê uma nota para seus hábitos de trabalho na seguinte tabela.

	Muito bom 5	Bom 4	Normal 3	Não muito bom 2	Deficiente 1	Totalmente deficiente 0
A. Atitude						
B. Horas Trabalhadas						
C. Dias trabalhados						
D. Produtividade						
E. Satisfação						
Total						

Chave:

23-25 — Muito bom

18-22 — Bom

13-17 — OK

9-12 — Ruim

4-8 — Deficiente

0-3 — Totalmente deficiente

B. O que esses resultados mostram a você a respeito de seus hábitos de trabalho?

____

____

C. Em que áreas você pode melhorar? ____________________

Deus lhe dá o trabalho para atender a sua necessidade de realização pessoal.

CAPÍTULO 12

O potencial e a prioridade do trabalho

O potencial nunca se realiza sem o trabalho.

Você já notou quais são as pessoas que Deus usa? Deus usa as pessoas ocupadas. Deus verdadeiramente as ama porque a atividade delas mostra que estão dispostas a trabalhar. A preferência de Jesus por pessoas ocupadas ficou evidente quando ele escolheu quatro pescadores que estavam consertando suas redes para que fossem seus discípulos.

A prioridade que Jesus colocou no trabalho também fica evidente mais tarde no seu ministério, quando ele andou pelas cidades e vilarejos na Galileia e na Judeia ensinando nas sinagogas e curando os doentes. Ele viu tantas pessoas desamparadas e fustigadas que as comparou a ovelhas sem pastor. Compassivamente ele disse a seus discípulos para orar pedindo trabalhadores para atender essas pessoas:

> Então disse aos seus discípulos: "A colheita é grande, mas os trabalhadores são poucos. Peçam, pois, ao Senhor da colheita que envie trabalhadores para sua colheita" (Mateus 9.37,38).

Jesus precisava de *trabalhadores*. Ele precisava de pessoas que dariam seu melhor para levar outras ao Reino de Deus. Ele disse aos discípulos que orassem, pedindo a Deus que enviasse alguém para trabalhar.

Deus não mudou. O trabalho continua sendo uma prioridade para ele. Tampouco mudaram as necessidades do nosso mundo. Gente desamparada e fustigada ainda precisa daquilo que Deus estocou dentro de nós para beneficiá-las.

Mas não sabemos avaliar bem os caminhos de Deus. Queremos resultado sem passar pelo processo. Buscamos promoção sem a responsabilidade. Desejamos pagamento sem termos trabalhado. Você não terá parte no poder criativo daquele que diz: "Eu dei a você a capacidade para produzir. Agora saia a trabalhar e veja do que você é capaz", até que deixe de ser um trabalhador relutante. Não se recuse a trabalhar, deixe disso. Tem gente que precisa de supervisão, que precisa receber a tarefa e ser cobrado o tempo todo. Quando Deus ordenou a Adão que trabalhasse no jardim, não havia supervisão, gerenciamento nem relógio de ponto para motivar ou forçar Adão a trabalhar.

Deus espera que entendamos a necessidade natural que temos de trabalhar. A Igreja, e o mundo de maneira geral, precisa resgatar o princípio divino do trabalho porque não pode existir grandeza sem trabalho. Precisamos aceitar a verdade de que precisamos trabalhar porque Deus trabalhou e nos criou para trabalhar.

Deus trabalhou

Deus estabeleceu a prioridade do trabalho quando chamou o mundo invisível à visibilidade. Antes de existir algo, Deus já existia. Tudo o que hoje vemos existiu antes em Deus, mas estava invisível. Se Deus não tivesse feito nada para dar o pontapé inicial, o mundo que conhecemos não existiria. O universo teria permanecido dentro de si mesmo. Mas Deus escolheu dar à luz seus filhos ao *trabalhar*. Ele usou seu potencial e, com esforço, o transformou em experiência.

É notável o esforço despendido por Deus ao fazer o mundo. Ele determinou o número de estrelas e as chamou pelo nome (v. Salmos 147.4). Cobriu o céu com nuvens, derramou chuva sobre a terra e fez a grama crescer nas colinas (v. Salmos 147.8). Formou as montanhas com seu poder (v. Salmos 65.6) e estabeleceu a fundação da terra (v. Salmos 104.5). A lua marca as estações por seu decreto, e o sol nasce na hora estipulada (v. Salmos 104.19). As obras de Deus na criação são vastas e maravilhosas. Deus as considerou boas depois de terminar sua obra e ver o que havia criado. Ele saboreou a alegria de ver a beleza magnífica que trouxe à existência.

> E Deus viu tudo o que havia feito, e tudo havia ficado muito bom [...] Assim foram concluídos os céus e a terra, e tudo o que neles há. No sétimo dia Deus já havia concluído a obra que realizara... (Gênesis 1.31; 2.1,2).

Deus não criou o mundo sonhando, desejando nem imaginando. Ele o criou trabalhando. De fato, Deus trabalhou com tanto afinco que precisou descansar.

> ... nesse [sétimo] dia descansou. Abençoou Deus o sétimo dia e o santificou, porque nele descansou de toda a obra que realizara na criação (Gênesis 2.2,3).

É necessário descansar depois de uma experiência longa e árdua, não depois de uma tarefa mínima que demanda pouco esforço. O esforço despendido por Deus na criação foi tão intenso que ele descansou.

Muito frequentemente pensamos que voltar para Deus significa que não temos mais de trabalhar. E como pensamos errado! Deus adora trabalhar. Ele se delicia em tirar coisas de dentro de seu Eu onipotente. Ele também demanda que você trabalhe.

Deus o criou para trabalhar

Deus criou o mundo, plantou o jardim e o organizou. Depois disso, colocou Adão no jardim e lhe deu um trabalho a realizar. De fato, Deus tinha o trabalho em mente antes mesmo de criar os seres humanos.

> Quando o Senhor Deus fez a terra e os céus, ainda não tinha brotado nenhum arbusto no campo, e nenhuma planta havia germinado, porque o Senhor Deus ainda não tinha feito chover sobre a terra, e também não havia homem para cultivar o solo. Todavia brotava água da terra e irrigava toda a superfície do solo. Então o Senhor Deus formou o homem do pó da terra e soprou em suas narinas o fôlego da vida, e o homem se tornou um ser vivificante (Gênesis 2.4-7).

Quando Deus criou Adão, deu-lhe domínio sobre os peixes do mar, as aves do céu e as criaturas vivas que se movem sobre o solo. A imagem do domínio é a de alguém dando ordens sentado em um trono, enquanto outras pessoas obedecem. Mas esse não é o conceito de Deus. *Para Deus, dominar é trabalhar. Cada uma das tarefas que ele atribuiu a Adão demandava trabalho.* O cultivo e a proteção do jardim demandavam trabalho. Dar nomes aos animais demandava trabalho. Subjugar a terra demandava trabalho. O trabalho era um aspecto essencial da vida de Adão.

O mesmo vale para você. Deus criou você para trabalhar. Ele não o criou para descansar, para se aposentar ou para sair de férias. Ele não o criou para bater cartão de ponto, nem para ficar sob os olhos vigilantes de um chefe ou supervisor. Deus o trouxe à vida para que você sentisse o gosto da realização depois de se esforçar para completar uma tarefa.

Deus o trouxe à vida para que você sentisse o gosto da realização depois de se esforçar para completar uma tarefa.

O trabalho é uma dádiva divina. Cada uma das tarefas que Deus já atribuiu a nós demandou trabalho. Noé trabalhou para construir a arca (v. Gênesis 6). José trabalhou para suprir de alimentos os egípcios durante os sete anos de fome (v. Gênesis 41.41ss). Salomão trabalhou para construir o templo (v. 2Crônicas 2-4). Ao realizar o que Deus pedira, esses homens cumpriram o propósito de Deus em sua vida. A disposição de fazer a obra que Deus lhes dera abençoou cada um deles e muitos outros.

Por meio do trabalho, essas e muitas outras pessoas tomaram consciência das responsabilidades variadas que têm diante da vida.

Você precisa trabalhar

O trabalho é honroso. Você foi projetado por Deus para satisfazer suas necessidades por meio do trabalho. *Quando você se recusa a trabalhar, nega a si mesmo a oportunidade de cumprir seu propósito*, porque Deus o criou para agir como ele age, e Deus trabalhou. A liberação do seu potencial exige que você admita a necessidade de trabalhar.

O trabalho favorece o trabalhador

> Todo trabalho árduo traz proveito ... (Provérbios 14.23).
> Os planos do diligente tendem à abundância... (Provérbios 21.5, *ARA*).

... ao suprir as necessidades físicas

> Esforcem-se para ter uma vida tranquila, cuidar dos seus próprios negócios e trabalhar com as próprias mãos, como nós os instruímos; a fim de que andem decentemente aos olhos dos que são de fora e não dependam de ninguém (1Tessalonicenses 4.11,12).

O trabalho beneficia o trabalhador porque o habilita a dar conta de suas responsabilidades financeiras. O apóstolo Paulo supriu as próprias necessidades construindo tendas (v. 1Tessalonicenses 2.6-9). Ele não contava com as provisões vindas de outros, mas, sempre que possível, trabalhava para se sustentar.

O mesmo é pedido a você. Não seja um peso para as pessoas. Trabalhe para sustentar a si mesmo e sua família. Estabilize-se e arrume um emprego. Crie raízes e não se deixe intimidar facilmente diante das responsabilidades. Deus lhe deu o trabalho para você ganhar o pão que come.

... ao revelar seu potencial

Deus também determinou que o trabalho deve revelar a você seu potencial. Embora todo trabalho tenha sua remuneração, nem sempre a recompensa é financeira. Talvez você sinta que está trabalhando com afinco, mas não está recebendo a remuneração que merece. Continue trabalhando para que possa colher os frutos do seu trabalho. Deus não mente. Mesmo que ninguém pague você, seu trabalho traz benefícios porque você descobre do que é capaz. É melhor merecer honra sem a receber do que receber honra sem a merecer.

... ao trazer à luz as bênçãos do trabalho

O trabalho é muito mais importante que a honra, porque propicia o aprendizado que libera seus talentos, capacidades e habilidades. Ele também vale mais que o salário que é depositado no dia do pagamento. Quando deixar de trabalhar por causa do dinheiro, você descobrirá a bênção do trabalho.

> O apetite do trabalhador o obriga a trabalhar; a sua fome o impulsiona (Provérbios 16.26).

... ao lhe dar a oportunidade de sentir uma profunda alegria nas conquistas

Se você se compromete em trabalhar, verá que há mais alegria na conquista que no pagamento. Então você encontrará alegria para trabalhar, mesmo quando o salário for menor do que você deseja ou merece. Os administradores dão mais trabalho a os atarefados porque sabem que eles têm disposição para trabalhar. *Se quiser receber uma promoção, trabalhe bastante. Seja produtivo.* Não aceite viver por causa de *coffee breaks*, almoços ou fazendo corpo mole. Assuma suas tarefas e cumpra-as com competência. Quando trabalhar, trabalhe porque você quer descobrir o que consegue fazer, não porque está tentando receber seu salário. Talvez ninguém o note imediatamente, mas sua promoção chegará. Trabalhar com excelência sempre traz ganho para o trabalhador.

... ao solidificar a autoestima

Por fim, o trabalho traz ganho ao realçar a autoestima. Se você sentir que não tem valor, encontre um trabalho. Arrume coisas para fazer. Quando você tem algo para fazer, as chances de se sentir bem consigo mesmo aumentam da noite para o dia. As perdas sofridas na vida nos dão a sensação de que não somos capazes nem amados. Mas, à medida que você aproveita a oportunidade de se concentrar no trabalho, e não nas perdas, sua autoestima vai melhorar. O trabalho mantém você saudável, tanto física quanto emocionalmente.

O trabalho abençoa outras pessoas

> Compartilhem o que vocês têm com os santos em suas necessidades. Pratiquem a hospitalidade (Romanos 12.13).

O trabalho propicia a oportunidade de ajudar outras pessoas. De fato, o evangelho de Mateus registra uma parábola na qual a disposição de atender às necessidades dos outros é o fundamento sobre o qual nossa fidelidade a Cristo é julgada (v. Mateus 25.31-46). O apóstolo Paulo comenta os benefícios de compartilhar quando elogia a igreja de Corinto pela disposição de ajudar igrejas irmãs que estavam em dificuldades (v. 2Coríntios 8.9). Ele aconselha a dar generosamente, não de má vontade, com a promessa de que os fiéis receberão mais do que deram:

> Lembrem-se: aquele que semeia pouco, também colherá pouco, e aquele que semeia com fartura, também colherá fartamente. Cada um dê conforme determinou em seu coração, não com pesar ou por obrigação, pois Deus ama quem dá por alegria [...] Aquele que supre a semente ao que semeia e o pão ao que come, também lhes suprirá e multiplicará a semente e fará crescer os frutos da sua justiça. Vocês serão enriquecidos de todas as formas, para que possam ser generosos em qualquer ocasião... (2Coríntios 9.6,7,10,11).

Então, quem está roubando?

Se eu lhe pedisse para definir um ladrão, provavelmente você mencionaria alguém que entra na sua casa e rouba suas coisas. Certamente é uma definição correta, mas nem sempre o ladrão tem de se esgueirar para dentro da sua casa para pegar o que não lhe pertence.

Muitos de nós vamos trabalhar e roubamos nossos chefes. Chegamos tarde, fazemos horários de almoço bem longos e vamos para casa cedo. Ou então levamos para casa lápis, papel, canetas e clipes que são da empresa. Fazemos cópias particulares na copiadora do chefe e tratamos de negócios pessoais durante o expediente. Quem age assim faz como o ladrão que entra na sua casa e rouba suas coisas, pois as duas ações resultam em perda de bens que alguém trabalhou para propiciar.

Num sentido mais amplo, o ladrão é qualquer um que se aproveita da produtividade de outros para atender a suas necessidades, pois é preguiçoso demais para atendê-las por si mesmo. Se você for capaz de trabalhar e não estiver trabalhando, está roubando de quem está. Você está pedindo que outros forneçam aquilo que você mesmo poderia obter trabalhando. Se você estiver comendo sem trabalhar, ou morando em uma casa sem trabalhar, você é um ladrão. *Apropriar-se dos benefícios do trabalho sem se esforçar é roubo.*

Se você estiver comendo sem trabalhar, ou morando em uma casa sem trabalhar, você é um ladrão.

Assim, é ladrão o filho que joga bola o dia inteiro e depois bagunça a casa que a mãe passou o dia inteiro limpando. Ele roubou a energia da mãe. Da mesma forma, um filho adulto que não estuda, mas mora na casa dos pais, rouba quando vai à cozinha e come o que está na despensa sem repor o que comeu.

O roubo vai além de se aproveitar do esforço de outra pessoa. Você está prenhe de bebês que precisam nascer. Tem talentos, capacidades e habilidades, e Deus quer que você os compartilhe com o mundo. Você nunca os verá sem compreender a definição divina para o trabalho nem o propósito divino ao lhe dar a chance de compartilhar seus poderes criativos. Seu potencial morre quando você fica zanzando por aí, sem fazer nada.

Quando você rouba alguma coisa, não fica parado, olhando para o que roubou. Em vez de admirar seu próprio empenho, você se preocupa com quem roubará as coisas de você. Ou fica tão preocupado em descobrir como trabalhar pouco sem ser pego que você não realiza nada no fim do dia que mereça o orgulho da conquista. *A ausência de trabalho é roubo. Da mesma maneira, a cura para o roubo é o trabalho — fazer algo útil com as próprias mãos.*

> O que furtava não furte mais; antes trabalhe, fazendo algo de útil com as mãos... (Efésios 4.28).

Ser útil é mais que ter um emprego. É dar uma contribuição proveitosa ao mundo. É ganhar para poder repartir. É encontrar um trabalho saudável e legalizado, que ajude e abençoe as pessoas, em vez de manter comportamentos imorais e degradantes que trazem destruição. Ser útil é reconhecer as conquistas de outras pessoas e tentar complementá-las.

As punições para a preguiça

Ficar por aí sem fazer nada é tão aceitável quanto pegar o que não é seu. Quando você é preguiçoso, rouba de si mesmo e de outras pessoas. Como qualquer roubo, a preguiça implica diversas punições. A primeira delas é a *fome*:

> O preguiçoso deseja e nada consegue, mas os desejos do diligente são amplamente satisfeitos (Provérbios 13.4).
> A preguiça leva ao sono profundo, e o preguiçoso passa fome (Provérbios 19.15).

> Quando ainda estávamos com vocês, nós lhes ordenamos isto: Se alguém não quiser trabalhar, também não coma (2Tessalonicenses 3.10).

A segunda punição para a preguiça são a *vergonha* e o *isolamento*:

> Irmãos, em nome do nosso Senhor Jesus Cristo nós lhes ordenamos que se afastem de todo irmão que vive ociosamente [...] não se associem com ele, para que se sinta envergonhado (2Tessalonicenses 3.6,14).
> O pobre é desprezado por todos os seus parentes, quanto mais por seus amigos! (Provérbios 19.7).

A terceira punição para a preguiça é a *relutância das pessoas em levá-lo a sério*, pois gente preguiçosa sempre tem uma boa desculpa para explicar por que não está trabalhando.

> O preguiçoso diz: "Há um leão lá fora!" "Serei morto na rua!" (Provérbios 22.13)

A quarta punição para a preguiça é *perder oportunidades de progresso*, porque ciúme e preocupação excessiva com o progresso dos outros impedem o preguiçoso de fazer seu trabalho.

> Você já observou um homem habilidoso em seu trabalho? Será promovido ao serviço real; não trabalhará para gente obscura (Provérbios 22.29).
> Esforce-se para saber bem como suas ovelhas estão, dê cuidadosa atenção aos seus rebanhos, pois as riquezas não duram para sempre, e nada garante que a coroa passe de uma geração a outra (Provérbios 27.23,24).

A quinta punição para a preguiça é a incapacidade de ver a própria necessidade de se levantar e trabalhar:

> O preguiçoso considera-se mais sábio do que sete homens que respondem com bom senso (Provérbios 26.16).

A sexta punição para a preguiça é uma crescente perda da ambição:

> O preguiçoso coloca a mão no prato, mas acha difícil demais levá-la de volta à boca (Provérbios 26.15).
> Observe a formiga, preguiçoso, reflita nos caminhos dela e seja sábio! Ela não tem nem chefe, nem supervisor, nem governante, e ainda assim armazena as suas provisões no verão e na época da colheita ajunta o seu alimento (Provérbios 6.6-8).

A sétima punição para a preguiça é a *vontade de dormir*:

> Como a porta gira em suas dobradiças, assim o preguiçoso se revira na sua cama (Provérbios 26.14).

A oitava punição para a preguiça é a *incapacidade de se orgulhar do que foi conquistado*, porque não se conquistou nada.

> O preguiçoso não aproveita a sua caça, mas o diligente dá valor a seus bens (Provérbios 12.27).

A nona punição para a preguiça é a escravidão:

> As mãos diligentes governarão, mas os preguiçosos acabarão escravos (Provérbios 12.24).

A décima e a mais severa penalidade para a preguiça é a pobreza, que é o resultado de todas as outras punições juntas.

> Todo trabalho árduo traz proveito, mas o só falar leva à pobreza (Provérbios 14.23).
> Até quando você vai ficar deitado, preguiçoso? Quando se levantará de seu sono? Tirando uma soneca, cochilando um pouco, cruzando um pouco os braços para descansar, a sua pobreza o surpreenderá como um assaltante, e a sua necessidade lhe sobrevirá como um homem armado (Provérbios 6.9-11).
> As mãos preguiçosas empobrecem o homem... (Provérbios 10.4).

O preguiçoso é um indolente imprestável — minha mãe chamava gente preguiçosa de "pé de couve". Quando era menino, eu não compreendia o que minha mãe queria dizer com aquilo. Mas certo dia, sentado na biblioteca da universidade, descobri que os preguiçosos são "pé de couve" porque têm preguiça de tomar banho, e se acumula tanta sujeira no ouvido que ali nasce um pé de couve. Em grego, a palavra para pobre é *ptochos*, que, na boca de Jesus, significava "improdutivo". Pobreza é isso. Ser pobre não significa estar privado de tudo, não *ter* nada. Significa não *fazer* nada.

A pobreza se cura com muito trabalho. Se você não trabalhar, acabará mendigando. Ou ficará escravo do seu patrão, pois sua recusa em trabalhar pela satisfação de ver o trabalho finalizado fará seu patrão obrigá-lo a trabalhar.

A pobreza se cura com muito trabalho.

Olhe para as aves. Deus as supre, mas elas precisam voar e procurar o alimento. Elas têm de cavar e puxar insetos da terra. O mesmo acontece com você. Deus lhe deu muitos talentos e ambição para assim gerar satisfação e autorrealização. Mas você precisa sair e buscar essa realização. Não podemos ficar sentados, esperando a realização vir até nós, porque isso nunca acontecerá. O trabalho é o caminho de Deus para uma vida abundante e realizadora, que revela a riqueza do seu potencial. *Deus definiu sua necessidade de trabalhar quando empregou seu próprio potencial na criação e demandou a Adão que fizesse o mesmo.*

Princípios

1. Deus trabalhou, e ele criou você para trabalhar.
2. Para subjugar e dominar a terra, é preciso trabalhar.
3. Quando você se recusa a trabalhar, nega a si mesmo a oportunidade de realizar seu potencial.
4. A ausência de trabalho é roubo.
5. Você rouba de si mesmo e de outros quando é preguiçoso.
6. A pobreza se cura com trabalho árduo.

O potencial e a prioridade do trabalho

O potencial nunca se realiza sem o trabalho.

1. Deus usa pessoas atarefadas / ociosas (*circule a alternativa*) para fazer sua obra.
2. A seara é grande, mas os ________________ são poucos.
3. Verdadeiro ou falso? Deus trabalha e nos criou para trabalhar. __________
4. Responda:
   A. Deus tomou seu ______________ divino e, por meio do seu ____________, transformou o ___________ em experiência.
   B. Precisamos tomar nosso _________________ e, por meio do _____________, transformar o ____________ em experiência.
   C. Isso significa que precisamos trabalhar / descansar (*circule a alternativa*) para liberar nosso potencial.
5. Complete e responda:
   A. É preciso descansar depois de uma __________ e _________ experiência, não depois de uma tarefa simples que demanda ________________.
   B. No sétimo dia Deus descansou de todo seu ____________.

6. Qual tarefa Deus deu a Adão quando o colocou no jardim?

____

7. Responda:

   A. Verdadeiro ou falso? Deus deu a Adão o *domínio* sobre:

      1. Os peixes do mar. __________

      2. As aves do céu. ____________

      3. As criaturas viventes que se movem sobre o solo. _____

   B. Deus iguala o *domínio* ao ______________.

   C. Verdadeiro ou falso? Deus também deu a *você* o domínio sobre a terra. __________

   D. O domínio demanda __________.

8. O trabalho é uma dádiva / maldição (*circule a alternativa*) vinda de Deus.

9. Complete:

   A. Noé __________ para construir a arca.

   B. José __________ para suprir os egípcios durante a fome de sete anos.

   C. Salomão __________ para construir o templo.

   D. Por meio do _________, *você* pode cumprir seu propósito.

10. O trabalho é honroso / vergonhoso (*circule a alternativa*).

11. A liberação do seu potencial demanda a admissão de que você precisa. ______________________________________

12. Faça uma lista das cinco maneiras pelas quais o trabalho beneficia o trabalhador:

    A. ____

B. ____________________

C. ____________________

D. ____________________

E. ____________________

13. Responda:

A. Verdadeiro ou falso? As obrigações financeiras podem ser cumpridas por meio do trabalho. __________

B. Como o apóstolo Paulo supriu as próprias necessidades?

____

14. De acordo com 1Tessalonicenses 4.11,12, devemos / não devemos ser (*circule a alternativa*) dependentes de outras pessoas.

15. Verdadeiro ou falso? A recompensa do trabalho sempre é financeira. __________

16. Verdadeiro ou falso? É melhor merecer honra e não a receber que recebê-la sem a merecer. __________

17. De que precisamos para nos alegrarmos mais nas conquistas do que no salário?

____

18. Verdadeiro ou falso? O trabalho mantém você saudável física e emocionalmente. __________

19. Responda:

A. O que um ladrão faz? __________

B. Faça uma lista com as diversas maneiras pelas quais muitos de nós roubamos os patrões.

1. ____________________

2. ____________________

3. ____________________

4. ______________________________

5. ______________________________

6. ______________________________

20. Se for capaz de trabalhar e não estiver trabalhando, você está

____

____

21. Complete:

A. "O que __________ não __________ mais; antes __________, fazendo algo de __________ com as mãos (Efésios 4.28).

B. Ser útil é fazer uma __________ para o mundo.

22. Faça o que se pede:

A. A preguiça é um ______________________________.

B. Faça uma lista com as dez punições para a preguiça:

1. ______________________________
2. ______________________________
3. ______________________________
4. ______________________________
5. ______________________________
6. ______________________________
7. ______________________________
8. ______________________________
9. ______________________________
10. ______________________________

23. Ligue os itens das colunas:

Escrituras	*Punição para a preguiça*
A. Provérbios 13.4	A. Incapacidade de orgulho nas realizações
B. Provérbios 26.15	B. Isolamento e vergonha
C. Provérbios 12.27	C. Fome
D. 2Tessalonicenses 3.6	D. Vontade de dormir

24. Ligue os seguintes itens:

Escrituras	*Punição para a preguiça*
A. Provérbios 22.13	A. Perder oportunidades de progredir
B. Provérbios 10.4	B. Pobreza
C. Provérbios 22.29	C. Escravidão
D. Provérbios 12.24	D. Pessoas com dificuldades em levar você a sério

25. Ligue os itens:

Escrituras	*Punição para a preguiça*
A. Provérbios 6.6-8	A. Incapacidade de reconhecer a própria necessidade de trabalhar
B. Provérbios 26.13	B. Pobreza
C. 2Tessalonicenses 3.10	C. Fome
D. Provérbios 14.23	D. Perda de ambição

26. A palavra grega para *pobre*, tal como usada por Jesus, é ________________.

27. A palavra grega para *pobre* significa ______________________.

28. A pobreza é sinônimo de _________________________________.

29. A pobreza se cura com __________________________________.

30. Responda:

A. Reveja suas respostas para a questão 19B. Você já foi culpado de roubar algo do seu local de trabalho, de sua escola ou do governo? Em caso afirmativo, faça uma lista com o que você fez de errado, e decida como consertará a situação.

Área(s) em que você é culpado:

1. ____
2. ____
3. ____
4. ____
5. ____
6. ____

Como consertar a situação:

1. ____
2. ____
3. ____
4. ____
5. ____
6. ____

B. Qual tipo de preguiça mais afeta você? (Revise suas respostas para a questão 22B.) Como você lidará com isso?

Área(s) de preguiça:

1. ____________________
2. ____________________
3. ____________________
4. ____________________
5. ____________________
6. ____________________

Planejamento para lidar com isso:

1. ____________________
2. ____________________
3. ____________________
4. ____________________
5. ____________________
6. ____________________

A pobreza se cura com muito trabalho.

CAPÍTULO 13

Compreendendo o trabalho

Trabalhar pela realização é melhor que trabalhar pelo dinheiro. O propósito do emprego é o trabalho, não o dinheiro.

Registros históricos revelam que todos os grandes impérios foram construídos com o suor e o sangue da força de trabalho, fosse esse trabalho voluntário ou forçado. As civilizações do Egito, da Grécia, de Roma e da Assíria foram construídas sobre os ombros de povos subjugados. Os Estados Unidos foram construídos sobre a escravidão. Não importa de onde vem a motivação dos trabalhadores, é preciso haver trabalho para alcançar a grandeza.

Hoje, o poder da produtividade fica evidente na influência exercida pelos sindicatos de trabalhadores. Pelo fato de os sindicatos fiscalizarem os trabalhadores, que controlam a produtividade, eles podem incapacitar um país, destruir a economia e controlar o governo. E, tendo controlado a produtividade, a riqueza fica sob controle.

Você sabe como os países medem sua força e riqueza? Não é pelo dinheiro que têm em caixa, mas pelo PIB, ou seja, o Produto Interno Bruto. Assim, a força ou a fraqueza relativa de um país se mede por seu nível de emprego e produtividade. A força da produtividade é o trabalho. Não se pode gerir um país em que as pessoas não trabalham, pois é impossível forçar as pessoas a trabalhar. Os governos não podem usar a lei para conseguir obediência, nem podem obrigar as pessoas a cooperar sem questionamentos. Todo mundo tem direitos, vontade e consciência. Cedo ou tarde, os trabalhadores se rebelarão caso percebam estar trabalhando em troca de nada. Por puro desespero, tentarão controlar o próprio destino. Há poder no trabalho — muito mais poder que têm as igrejas, o governo ou outras organizações sociais — porque os trabalhadores controlam a produtividade de um país e, portanto, seu destino.

A história de Moisés e do faraó do Egito ilustra essa verdade. Faraó não se sentiu ameaçado por Moisés, nem mesmo pelo Deus dos israelitas. Ele se sentiu ameaçado pela perda de uma tremenda força de trabalho. Assim, quando Moisés propôs uma jornada de três dias ao deserto, a fim de oferecer sacrifícios a Deus, o rei do Egito respondeu:

> "Moisés e Arão, por que vocês estão fazendo o povo interromper suas tarefas? Voltem ao trabalho!" E acrescentou: "Essa gente já é tão numerosa, e vocês ainda os fazem parar de trabalhar!" No mesmo dia o faraó deu a seguinte ordem aos feitores e capatazes responsáveis pelo povo: "Não forneçam mais palha ao povo para fazer tijolos, como faziam antes. Eles que tratem de ajuntar palha! Mas exijam a mesma quantidade de tijolos; não reduzam a cota. São preguiçosos, e por isso estão clamando: 'Iremos oferecer sacrifícios ao nosso Deus'. Aumentem a carga de trabalho dessa gente para que cumpram suas tarefas e não deem atenção a mentiras" (Êxodo 5.4-9).

Quando as pessoas decidem que não vão trabalhar, a espinha do país se quebra. Vimos isso no passado recente, quando a antiga União Soviética, junto com outros países, mudaram radicalmente por causa do poder do trabalhador. Assim, a falência de empresas renomadas não é culpa do conselho nem do presidente. A causa está nos humildes que colocam pneus nas aeronaves ou fazem soldas nos carros. Os países se desintegram porque o povo se recusa a trabalhar, e a trabalhar bem. Precisamos mudar a atitude diante do trabalho. A única esperança é redescobrir a definição divina para ele, e quais benefícios Deus pretendia dar-nos com o trabalho.

A DEFINIÇÃO DIVINA PARA O TRABALHO

Deus e nós definimos o trabalho de maneira bem diferente. Trabalho não é a mesma coisa que emprego. O trabalho libera potencial, o emprego paga um salário. Embora seja possível trabalhar no emprego, o trabalho nem sempre resulta em recompensas financeiras. O trabalho começa na vontade de contribuir para o mundo, propiciando riqueza e bem-estar. E você faz isso dando de si mesmo. O trabalho vai além da força despendida por outros e evita a mentalidade "Não vou trabalhar porque ninguém pode me obrigar".

O trabalho libera potencial, o emprego paga um salário.

Com frequência sofisticamos exageradamente o trabalho. Precisamos devolver a labuta a ele. Precisamos *labutar* no escritório, não apenas ir ao escritório. Deus não disse: "Seis dias irás ao emprego", mas: "Seis dias trabalharás". Enquanto não mudarmos nossa atitude, não cumpriremos essa ordem.

O trabalho árduo não se limita a *fazer coisas*, mas envolve principalmente *liberar conteúdos ocultos*. É dar à luz os bebês que morreriam com você se não os trouxesse à luz do dia. Não importa que tipo de emprego você tem. Você pode ser um executivo, um vendedor, um operário ou uma dona de casa. Trabalhe como se sua vida dependesse do trabalho, porque depende mesmo.

Jesus ordenou que orássemos pelos *trabalhadores*. Esse termo também é usado para descrever o processo da gestação. O nascimento de um bebê traz orgulho e alegria. O processo de trazê-lo à luz — o potencial oculto — envolve concepção, tempo, desenvolvimento, ajustes, trabalho, dor e cooperação. Tudo isso é necessário para que uma criança nasça. É o mesmo processo para toda a humanidade. O trabalho dá conta do recado!

O trabalho é o jeito de Deus revelar seus talentos, capacidades e habilidades. Ele ajuda você a descobrir a satisfação existente nas conquistas e nos resultados da perseverança. Sem o trabalho, você nunca verá os resultados do seu potencial. Sem esforço, você nunca sentirá a satisfação da conquista.

O TRABALHO É ATIVADO POR FORÇA E ENERGIA

Jesus trabalhou enquanto esteve na terra. Ele deu vista aos cegos e abriu os ouvidos dos surdos. Fez com que os coxos andassem e purificou os leprosos. Pregou a boa-nova do Reino vindouro de Deus e recebeu com boas-vindas os pecadores na família de Deus. Repetidamente recorreu à sua força e energia para atender aos pedidos de pessoas solitárias, arrasadas, temerosas e necessitadas. Se Jesus tivesse retido o potencial que possuía para melhorar a vida das pessoas que encontrou, seu poder teria permanecido oculto e seu propósito se perderia. Mas Jesus sabia que tinha sido enviado para redimir um mundo sofredor e agonizante. Ele aceitou a tarefa que Deus lhe dera, e trabalhou para mudar o curso da história. De fato, os resultados de sua obra foram as pistas que deixou quando foi questionado se era aquele que viria da parte de Deus.

> Disse-lhes Jesus: "Meu Pai continua trabalhando até hoje, e eu também estou trabalhando" (João 5.17).

Você tem uma responsabilidade semelhante, a de liberar a força e a energia que Deus lhe deu para o bem do mundo. Você pode realizar isso por meio do trabalho. A palavra grega *ergon*, que significa "ativar", é comumente traduzida para *trabalho*. A palavra "energia" vem de *ergon*. Assim, o trabalho é a ativação de uma energia armazenada. Quando está estacionado, o carro não exerce sua função. Mas, no momento em que você dá partida no motor, cada pistão começa a girar e o carro começa a se movimentar. O trabalho é o método definido por Deus para capacitar você a funcionar. Por meio dele você pode fazer e tornar-se tudo o que Deus pretendia para sua vida. Isso pode ser esclarecido por outra palavra grega para trabalho — *energia* — que significa "tornar-se". Não importa o que Deus pede de você: se você não obedecer, não pode se tornar aquilo que ele vê em você. *O potencial é a existência de possibilidades. O trabalho é a ativação de possibilidades.* O potencial sem trabalho continua sendo potencial — inútil, intocado, não colocado à prova.

Deus criou você para ser um gênio. Ele o dotou de pensamentos, ideias e desejos suficientes para satisfazer cada expectativa que ele tem sobre sua vida. Mas a presença do potencial não faz de você um gênio. Você não *nasce* gênio. Você *se torna* um quando trabalha para liberar o que possui. Gênios são pessoas que trabalham implacavelmente para realizar o que acreditam ser possível. Eles tentam vez após vez, até verem fisicamente o que viam apenas em sua imaginação. Eles ativam sua força e energia ocultas para se tornarem o que são e alcançarem aquilo que já possuem. Os gênios usam a dádiva divina do trabalho para realizar o que ninguém mais realizou. Deus o projetou para ser um gênio. Lembre-se: "A genialidade é 1% de inspiração e 99% de *transpiração*".

Potencial é o que você tem. Trabalho é o que você faz. O que você faz com o que tem é a diferença entre uma vida de força e energia e uma vida de fraqueza e derrota. Deus lhe dá o trabalho para ativar sua força. Por meio do trabalho você se torna o que é.

Por meio do trabalho, você se torna o que é.

Trabalhar é fazer algo acontecer

Fantasia é sonho sem trabalho árduo. Também é visão sem missão. Quando Deus dá o potencial para alguma coisa, ele também demanda que o potencial seja levado a efeito. A história de Abraão é um bom exemplo desse princípio.

Certo dia, quando Deus e Abraão estavam no topo da montanha, Deus lhe disse que lhe daria todas as terras que sua vista alcançasse, para o norte, sul, leste e oeste. Então Deus lhe disse para *andar* de alto a baixo, de um lado a outro, a fim de *receber* o que lhe havia sido prometido (Gênesis 13.14-17). Junto com a promessa, veio a ordem para trabalhar. Antes de Abraão tomar posse dessa herança, teve de lutar contra os que já a habitavam. A promessa não era de posse sem esforço.

O mesmo vale para você. Toda promessa de Deus vem junto com a ordem de trabalhar para receber o que foi prometido. Deus não se contenta em simplesmente entregar o presente, como faz Papai Noel. Você tem de lutar para conseguir o que é seu. O potencial para possuir o que Deus lhe deu está dentro de você, mas você não terá a promessa enquanto não se aplicar para reivindicá-la.

Assim, se você precisa de dinheiro para pagar suas contas, não fique esperando alguém colocá-lo em suas mãos. Levante-se e receba o emprego que Deus manda.

Todo emprego, não importa a aversão que você sinta por ele, trabalha a seu favor. Se você se acostumar a trabalhar independentemente das condições, vai adquirir disciplina, porque o trabalho é mais importante que as condições do trabalho. O trabalho é também mais importante que o emprego. Se uma criança consegue o que deseja, aprende a se satisfazer sem fazer esforço algum. O mundo está cheio de adultos que agem como crianças mimadas. Eles nunca aprenderam o valor do trabalho.

Fazemos bem em aprender cedo a lição de que precisamos trabalhar por aquilo que queremos. É o que Deus demanda de nós. Uma das melhores coisas que os pais podem fazer por seus filhos é fazê-los aprender a responsabilidade de trabalhar em tenra idade. Se seu filho tiver de trabalhar para gastar dinheiro, logo aprenderá que não pode obter algo em troca de nada. *Trabalhar é fazer o potencial se realizar.* Sem trabalho, tudo o que você tem é o potencial.

Trabalhar é usar suas capacidades e faculdades para fazer ou executar algo

Quando Deus quis um lugar para morar, poderia ter criado uma habitação magnífica, fazendo-a surgir do nada. Mas ele preferiu que o ser humano a construísse por si próprio. Assim, Deus instruiu Moisés para juntar ofertas para o Tabernáculo e a empregar artesãos talentosos para criar as diversas partes. Depois de Moisés reunir os materiais e os operários, o trabalho teve início. Ourives, marceneiros, vitralistas, tecelões, bordadores e lapidadores: todos contribuíram com seus *talentos* até que a habitação de Deus estivesse pronta. Então o Senhor, mediante sua presença manifesta pela nuvem de dia e pela coluna de fogo de noite, entrou e encheu com sua glória o Tabernáculo que *eles haviam preparado.*

Deus deu a você destrezas, talentos e capacidades em abundância. O trabalho é o meio de você descobrir esses recursos. Esforços persistentes e consistentes dão brilho às pedras preciosas que você tem dentro de si, fazendo da sua vida uma habitação conveniente para o santo Deus. O trabalho ativa seu potencial e habilita você a compartilhar sua perícia e proficiência. A liberação de seus dons beneficia o mundo e as futuras gerações.

O trabalho é o meio para gerar um resultado desejado

Quando os israelitas voltaram do exílio babilônico, Neemias, o governador de Jerusalém, orientou o povo na reconstrução dos muros da cidade. Sobre ele estava o peso de consertar os portões destruídos pelo fogo, e também de reconstruir os edifícios que tinham virado escombros. Por isso, Neemias andou pelas ruínas e pediu aos oficiais de Jerusalém que trabalhassem com ele. Quando os zombadores os ridicularizaram, a resposta de Neemias foi: "O Deus dos céus fará que sejamos bem-sucedidos" (Neemias 2.20). Ele acreditava que o sonho vinha de Deus e, portanto, confiou no Senhor para alcançar esse objetivo. Seus esforços receberam o apoio do povo que "estava totalmente dedicado ao trabalho" (Neemias

4.6). Volta e meia, Deus frustrava as maquinações daqueles que ameaçavam impedir o sonho de Neemias, provando assim que o Senhor luta em favor daqueles que se propõem a cumprir seu propósitos.

O trabalho, aliado à mentalidade de fazer o que Deus deseja, trouxe vitória para os israelitas que se tinham comprometido em reconstruir os muros de Jerusalém. *O trabalho comprometido com um resultado desejado também é uma chave para seu sucesso.*

O POTENCIAL E OS BENEFÍCIOS DO TRABALHO

Você já examinou as outras chaves para o sucesso. O trabalho fornece os meios pelos quais o conhecimento adquirido com essas chaves pode ser ativado. Você já sabe que precisa viver pela fé e deve agir de acordo com o que sabe. O trabalho o leva de um ponto a outro. O mesmo vale para seus propósitos, recursos e ambiente. O conhecimento não se aproveita enquanto não se traduzir em ação. O trabalho é o tradutor que Deus providenciou.

O TRABALHO ENCARNA A FÉ

Deus lhe deu muitos sonhos. Plantou na sua imaginação sementes e objetivos que você gostaria de alcançar. De fato, talvez você esteja prenhe de respostas para alguns dos principais problemas do mundo. Se você pretende realizar seus sonhos, é bom estar preparado para trabalhar. Enquanto você não começar a trabalhar, seu poder de beneficiar a humanidade permanece desativado.

Enquanto você não começar a trabalhar, seu poder de beneficiar a humanidade permanece desativado.

Fantasia é um sonho sem trabalho. É também uma visão sem missão. Você pode ter a visão que quiser, mas, enquanto não obtiver uma missão, sua visão não passará de uma ideia bem intencionada. Amo os missionários porque eles têm a disposição de assumir a visão e torná-la realidade. Por outro lado, os visionários me deixam incomodado porque não têm disposição de trabalhar com afinco para realizar seus sonhos. Se você não trabalhar, estará fantasiando. Você está desperdiçando seu tempo em ideias sem valor. O trabalho é o meio para fazer o que você vê tornar-se aquilo que você recebe. Os visionários precisam tornar-se missionários para ser efetivos e bem-sucedidos.

O TRABALHO PROPICIA AS OPORTUNIDADES PARA CUMPRIR O PROPÓSITO

O trabalho faz parte do seu projeto. Se você não estiver trabalhando, não estará cumprindo seu propósito. A maioria das pessoas que representam um peso para a sociedade — aqueles que recebem assistência social do governo — não faz parte da força de trabalho. Os vales-alimentação, a assistência médica e auxílio-aluguel que eles recebem vêm do bolso daqueles que trabalham e pagam impostos. Assim, todos os que pedem ao governo que pague suas contas estão usando o dinheiro do bolso de quem trabalha. Os que vivem de assistência social fazem a conta corrente do país ficar negativa.

No sistema de Deus, todos *precisam* trabalhar. Você precisa trabalhar. Sua capacidade de dominar e subjugar a terra está vinculada ao esforço demonstrado para cumprir as tarefas que Deus lhe dá. O que acontece se você se recusar a trabalhar? Seu potencial para refletir a imagem de Deus, junto com a capacidade de dar fruto, fica lacrado dentro de você, estagnado e inútil. Sem esforço não existe fruto, e as bênçãos que Deus quer dar a você são negligenciadas. A recusa de trabalhar destrói suas possibilidades de cooperar com a obra da criação de Deus.

O TRABALHO AUMENTA SEUS RECURSOS

O que define sua pobreza ou riqueza é o trabalho que você gera com seus recursos, não a quantidade de recursos que você possui. Potencial sem trabalho é pobreza, porque sua disposição para trabalhar é a chave para realizar seu potencial. A verdadeira questão não é quanto potencial você tem, mas quanto potencial você trabalhará para mostrar. Todo mundo tem potencial — que é uma capacidade dormente, uma força oculta e recursos sem uso —, mas nem todo mundo trabalha para liberar o que possui.

O trabalho é crucial para sustentar e multiplicar seus recursos. Se você for fiel no pouco, Deus o colocará sobre muito. Mas ele só pode dar-lhe quanto você está disposto a aceitar. A fidelidade nas pequenas coisas traz responsabilidades maiores e mais trabalho, o que traz mais recursos e maiores responsabilidades, e assim por diante. Fazer bem-feito é sempre melhor que falar bem falado. O trabalho é o meio para multiplicar aquilo que Deus já confiou às suas mãos, muito ou pouco importante.

O TRABALHO LIBERA E SUSTENTA SEU AMBIENTE

As pessoas tendem a gravitar ao redor daqueles que pensam e agem de maneira semelhante. Isso é certamente válido para aqueles que evitam trabalhar. Os preguiçosos não gostam de ficar perto de gente trabalhadora porque sua improdutividade se torna imediatamente visível.

Assim, o trabalho é a chave para estabelecer um ambiente positivo. Sua dedicação e persistência no cumprimento de tarefas no emprego, na igreja, na família etc. atraem a companhia de outras pessoas que gostam de trabalhar. Da mesma maneira, o ócio atrai pessoas que não têm interesse em trabalhar. Há quem se deixe envolver pela multidão que despreza o empenho e a diligência. Se você for um desses e optar pela preguiça, as punições vão sobrepujá-lo. O próprio ambiente que fez morrer seu desejo de trabalhar continuará impedindo seu desenvolvimento. Aplique-se ao trabalho e evite todos os que não compartilham da sua dedicação. Suas companhias logo sentirão o efeito e o incentivarão a trabalhar.

Você tem avidez de conquistar alguma coisa? Está tão comprometido com uma visão que fará qualquer coisa para ver essa visão ganhar vida? Então faça planos e siga-os.

> Os planos bem elaborados levam à fartura; mas o apressado sempre acaba na miséria (Provérbios 21.5).

Há uma diferença entre planos e pressa. Pressa é a tentativa de obter algo em troca de nada. A pressa leva à pobreza. Mas quem trabalha com afinco faz planos e despende energia para ver esses planos dando retorno.

Você quer ser advogado, médico, professor, marceneiro, policial, ministro, secretária, contador ou político? Trabalhe para dar sustentação ao seu sonho. Estude até tarde da noite. Aproxime-se de alguém que trabalha na área que o interessa, e trabalhe com essa pessoa para aprender o negócio ou profissão. O sucesso do seu plano está vinculado à sua disposição de trabalhar, e o mesmo vale para sua prosperidade. Da mesma maneira, *a liberação do seu potencial depende de você se aplicar o suficiente para transformar seus pensamentos em realidades visíveis. Trabalhe por iniciativa própria. Não fique esperando a vida obrigá-lo a trabalhar.*

O trabalho é a chave para o progresso, a produtividade e a realização pessoal. Sem trabalho, não se pode alcançar nada. Deus lhe dá trabalho para que você possa liberar suas possibilidades e capacidades por meio de sua aplicação em cada tarefa. Uma atitude pessimista diante do trabalho gera insatisfação e infelicidade. Uma perspectiva saudável desenvolve a autoestima e alimenta uma perspectiva positivo e confiante em relação à vida. As responsabilidades que Deus lhe dá são apresentadas para estimular seu potencial e desafiá-lo a tentar coisas novas. Enquanto for um trabalhador relutante, você perderá a vitalidade e o significado que, na intenção de Deus, deveriam existir na sua vida.

O trabalho é a chave para o progresso, a produtividade e a realização pessoal.

Aceite hoje o trabalho como uma dádiva graciosa vinda de Deus. Não permita que uma atitude pessimista diante do trabalho prive você de seu potencial. Então fique na expectativa da alegria da conquista e do deleite em descobrir tudo o que Deus colocou dentro de você para o mundo. Você de fato descobrirá que o trabalho é uma bênção.

Princípios

1. Alcançar a grandeza exige trabalho.
2. O trabalho árduo traz seu potencial à tona.
3. O trabalho é...

   a força e a energia ativadas,

   o esforço demandado para fazer algo acontecer,

   o uso das habilidades e faculdades para fazer ou realizar algo, e

   o meio para produzir o resultado esperado.
4. Fé sem trabalho é improdutiva.
5. Deus projetou você para cumprir seu propósito por meio do trabalho.
6. O trabalho multiplica seus recursos, sejam eles grandes ou pequenos.
7. O ócio convida preguiçosos a fazer-lhe companhia.
8. A liberação do seu potencial depende de você investir os esforços necessários para transformar seus pensamentos em realidades visíveis.

Compreendendo o trabalho

Trabalhar pela realização é melhor que trabalhar pelo dinheiro. O propósito do emprego é o trabalho, não o dinheiro.

1. Verdadeiro ou falso? A história mostra que todos os grandes impérios foram construídos com suor e sangue e força de trabalho.

   ____

2. Verdadeiro ou falso? Os trabalhadores controlam a produtividade e, portanto, o destino de um país. _______________

3. Qual é a diferença entre *trabalho* e *emprego*?

   ____

   ____

4. Verdadeiro ou falso? Precisamos devolver a labuta ao trabalho.

   ____

5. O trabalho é a maneira de Deus revelar seus _______________, _______________ e _______________.

6. Responda:

   A. Como Jesus *trabalhou* enquanto esteve na terra?

      1. ____

      2. ____

B. Escreva um texto bíblico que mostra que Jesus trabalhou.

____

____

7. Complete:

A. A palavra grega *ergon* significa ____________.

B. *Ergon* é normalmente traduzido para ____________.

C. De *ergon* vem a palavra ____________.

D. O trabalho é a ____________ da ____________.

8. Outra palavra grega para *trabalho* é ____________, que significa ____________.

9. Verdadeiro ou falso? Se você não *faz* o que Deus pede, você não *se torna* o que ele pede. ____________

10. Complete:

A. A existência de possibilidades é ____________.

B. A ativação de possibilidades é ____________.

11. Verdadeiro ou falso? A *genialidade* é 1% de transpiração e 99% de inspiração. ____________

12. Verdadeiro ou falso? Abraão teve de lutar para tomar posse da herança. ____________

13. Verdadeiro ou falso? Você precisa *empenhar-se* para receber o que Deus prometeu. ____________

14. O que o trabalho nos ensina? ____________

15. Qual é uma das principais coisas que os pais podem fazer por seus filhos?

____

____

16. Responda:

A. Que tipo de empenho é preciso para que nossa vida mostre que o Espírito Santo vive em nós?

____

____

B. Aqueles que trabalharam com Neemias trabalharam

____

____

17. O trabalho ____________________ na direção de um resultado ____________________ é a chave para o sucesso.

18. Complete:

A. A fantasia é:

1. ____

2. ____

B. ____________ tomam a visão e a transformam em realidade.

19. Se *não* está trabalhando, você está / não está (*circule a alternativa*) cumprindo seu propósito.

20. Aqueles que se sustentam na previdência social são recursos / fardos (*circule a alternativa*) para o país.

21. O que define sua pobreza ou riqueza?

____

____

22. A chave para a realização do seu potencial é:

A. Sua disposição para trabalhar.

B. A previdência social.

C. Quanto você conhece de seu potencial.

D. Saber quanto potencial você possui.

23. Para multiplicar o que Deus confiou a seus cuidados, você precisa do ______________________________________.

24. Por que os preguiçosos evitam a companhia dos diligentes?

____

25. Aplique-se ao ____________________ e ____________________ todos os que não possuem a mesma dedicação.

26. "*Os planos* ______________ *levam à fartura; mas o* ______________ *sempre acaba na* ______________ " (Provérbios 21.5).

27. Verdadeiro ou falso? Pressa é tentar obter algo em troca de nada. ______________

28. A atitude pessimista diante do trabalho gera ________ e ______.

29. Responda:

A. Como *sua atitude* diante do trabalho afeta *sua produtividade*?

____

____

B. Com quem você se associa? Você diria que eles são preguiçosos ou trabalhadores dedicados?

Companheiros / Amigos   Preguiçosos ou trabalhadores aplicados

1. ____

2. ____

3. ____

4. ____

5. ____

6. ______________________________

7. ______________________________

8. ______________________________

9. ______________________________

10. ______________________________

C. O que essa informação diz a respeito de você?

____

____

30. Em que áreas você precisa aplicar-se mais? Que passos você dará para atingir seu objetivo?

Área(s) em que preciso esforçar-me:	O que farei:
A. ______________	1. ______________
	2. ______________
	3. ______________
	4. ______________
	5. ______________
B. ______________	1. ______________
	2. ______________
	3. ______________
	4. ______________
	5. ______________
C. ______________	1. ______________

2. ______________________

3. ______________________

4. ______________________

5. ______________________

D. ______________________ 1. ______________________

2. ______________________

3. ______________________

4. ______________________

5. ______________________

A liberação do seu potencial depende de você empenhar o esforço necessário para transformar seus pensamentos em realidades visíveis.

Capítulo 14

A atitude diante da responsabilidade

A maior necessidade que a capacidade tem é de responsabilidade.

Um dos mais belos sons que já entraram no ouvido humano é o primeiro choro de um recém-nascido — o som da vida! Ao longo do tempo, milhões de pessoas experimentaram grande alegria, júbilo, celebração e alívio com esse som. No entanto, o choro de um recém-nascido sinaliza o início de uma responsabilidade. Não somente os pais têm responsabilidade pelo bebê, mas a própria criança precisa prestar contas do espantoso potencial que possui quando nasce.

Define-se a *responsabilidade* como a qualidade de ser confiável, fidedigno. A responsabilidade também inclui estabelecer contratos ou obrigações. Tudo isso indica a transferência de algo valioso. Aquele em quem se deposita a confiança deve obter algum resultado positivo. A responsabilidade inclui ainda autoconfiança, efetividade, fidelidade e capacidade. Em sua essência, a responsabilidade é a simples *capacidade* de responder.

Todos os seres humanos vêm ao mundo prenhes de potencial. Assim como um computador, cada pessoa tem uma capacidade tremenda de processar, analisar, assimilar, comparar e produzir. Mas essa capacidade é inútil enquanto não for programada e solicitada. Seu potencial, capacidade e talento natural foram dados pela Providência Divina, com o propósito de preparar a próxima geração para cumprir seu potencial. Ninguém vem ao mundo com as mãos vazias. Todo mundo possui alguma coisa. Assim como existe uma floresta dentro de uma semente, da mesma maneira você possui muito mais do que ficou evidente quando nasceu.

No entanto, ao contrário da semente, você não depende de um lavrador para plantar e cultivar seu potencial. Você deve prestar contas do tempo que passou neste planeta. É sua, e somente sua, a responsabilidade de ativar, liberar e elevar ao máximo essa capacidade, que está adormecida e oculta. O fato de você ter nascido é evidência de que você possui algo que pode beneficiar o mundo. Não importa o que você já fez ou conquistou: ainda há muito mais que precisa ser liberado. Só você pode fazer isso.

Você deve prestar contas do tempo que passou neste planeta.

Estou convicto de que a vida foi projetada para criar ambientes que requeiram seu potencial. Sem tais solicitações, nosso potencial permaneceria adormecido. Esse pensamento se reflete no ditado "a necessidade é a mãe da invenção". Como isso é verdadeiro! A maioria de nós responde criativa e inovadoramente à vida somente quando as circunstâncias *exigem* tal resposta. Os diversos avanços tecnológicos, médicos e sociais aconteceram porque os problemas, ou as circunstâncias da vida, exigiram uma resposta, o que ilustra de maneira expressa essa verdade. O livro do Gênesis também revela com clareza esse princípio no relato do primeiro encontro do ser humano com a criação no jardim do Éden.

O ser humano, tal qual inicialmente criado por Deus, era 100% potencial não liberado. Era um adulto repleto de capacidades, talentos e dons. Seus poderes físicos, mentais, intelectuais, emocionais e espirituais estavam plenamente desenvolvidos. Mas os poderes e capacidades humanos não foram usados, não se manifestaram nem foram provocados. O plano do Criador para liberar essa capacidade oculta está registrado em Gênesis 2.15,19,20:

> O Senhor Deus colocou o homem no jardim do Éden para cuidar dele e cultivá-lo [...] Depois que formou da terra todos os animais do campo e todas as aves do céu, o Senhor Deus os trouxe ao homem para ver como este lhes chamaria; e o nome que o homem desse a cada ser vivo, esse seria o seu nome. Assim o homem deu nomes a todos os rebanhos domésticos, às aves do céu e a todos os animais selvagens.

A primeira ação de Deus depois de criar um ser totalmente novo — um ser humano com músculos nunca exercitados, um cérebro nunca estimulado, emoções nunca despertadas, uma imaginação nunca provada, e uma criatividade nunca explorada — foi dar-lhe tarefas que exigissem de suas capacidades ocultas. Ao dar responsabilidades a Adão, Deus o colocou em uma situação que desafiava seu potencial. Sua vida tem um propósito maior. E quando seu potencial é liberado? Quando são colocadas sobre você as responsabilidades exigidas no cumprimento de uma missão. É por isso que o *trabalho* é chamado de *emprego* — ele emprega suas capacidades com o propósito de manifestar seu potencial.

A ordem divina para *trabalhar* exigiu que Adão usasse seu potencial físico. Do mesmo modo, as ordens divinas para *cultivar o jardim* e *dar nome aos animais* ativaram o potencial intelectual, mental e criativo. As demandas que Deus coloca sobre você têm o mesmo efeito na sua vida. A liberação do seu potencial exige que você aceite a responsabilidade de trabalhar, porque a maior necessidade que a capacidade tem é de responsabilidade. Você nunca saberá qual é o tamanho do seu potencial enquanto não o empregar para cumprir tarefas. A maior tragédia da sua vida não será sua morte, mas aquilo que morre junto com você. Que vergonha será desperdiçar aquilo que Deus lhe deu para usar!

Você nunca saberá qual é o tamanho do seu potencial enquanto não o empregar para cumprir tarefas.

MORRENDO VAZIO

Você já notou a profunda paz e contentamento que acompanham a realização responsável de uma tarefa? Nada é mais recompensador e satisfatório que completar com sucesso uma tarefa recebida. O fruto da conquista são a alegria e o júbilo que tomam conta de você nesses momentos. A experiência da realização está diretamente vinculada ao conceito de *término*.

Diz um antigo ditado chinês que "o fim das coisas é melhor que seu começo". Em outras palavras, terminar é mais importante que começar. O começo de uma tarefa traz um grau de ansiedade e apreensão, mas completá-la normalmente causa a sensação de alívio, alegria e realização.

Terminar é mais importante que começar.

A história está cheia de grandes iniciativas que morreram antes de ser completadas. De fato, a maioria dos 5 bilhões de humanos que habitam a terra morrerá sem ter chegado lá. Que tragédia! O que conta não é o número de iniciativas, mas quantas vezes elas chegam ao fim. Não é o ligeiro que vence a corrida, mas aquele que resiste até o final.

Jesus completou sua tarefa na terra. As palavras que pronunciou na cruz indicam com clareza que ele cumpriu uma missão, completou uma tarefa e satisfez um requisito. Elas ressoam com uma profunda sensação de paz. De fato, as palavras confirmam que ele não foi morto, mas simplesmente morreu.

> Tendo-o provado [o vinagre], Jesus disse: "Está consumado!" Com isso, curvou a cabeça e entregou o espírito (João 19.30).

Jesus não viu a morte como algo a ser temido, mas como um passo natural. Isso porque ele liberou seu potencial, elevando-o ao máximo, e isso para cumprir o propósito para o qual Deus o enviou ao mundo. Em outras palavras, Jesus foi vazio para a tumba.

O princípio do *término* também se expressa muito claramente nas palavras do apóstolo Paulo a Timóteo:

> Eu já estou sendo derramado como uma oferta de bebida. Está próximo o tempo da minha partida. Combati o bom combate, terminei a corrida, guardei a fé (2Timóteo 4.6,7).

Paulo encarou a morte com total confiança e paz, pois sabia que havia cumprido o propósito de Deus para sua vida. Quando falou de ser "derramado", o que sugere o esvaziamento de um conteúdo, mostrou um conceito exato e importante que precisa ser compreendido por todos os que pretendem liberar seu potencial.

Você, assim como Paulo e nosso Senhor Jesus Cristo, nasceu com um propósito. A capacidade de cumprir esse propósito vive bem no seu íntimo, clamando para ser liberada. Talvez você anseie escrever livros, compor canções, fazer poesias, obter um título acadêmico, pintar quadros, tocar música, abrir um negócio, conhecer outros países, inventar algo ou servir em uma organização política, civil ou espiritual. Pergunte-se: "Há quanto tempo carrego esse sonho?". Lembre-se de quantas vezes você adiou a satisfação dessa vontade. Conte quantas vezes começou a buscar seu objetivo só para desistir dele.

Deus não tinha a intenção de que seu potencial fosse sepultado em um cemitério. A tremenda irresponsabilidade de levar seus preciosos sonhos, visões, ideias e planos para o túmulo não faz parte do projeto de Deus. Você tem a responsabilidade de liberar seu potencial. Junte-se a Jesus, a Paulo e a muitos outros que tiraram da morte o prazer de abortar seu potencial. Lembre-se que a riqueza do cemitério é o potencial daqueles que não chegaram ao fim.

A riqueza do cemitério é o potencial daqueles que não chegaram ao fim.

O POTENCIAL E A PRÓXIMA GERAÇÃO

Deus projetou todas as coisas não somente para se reproduzir, mas também para transmitir sua vida e tesouros à próxima geração. Pense na semente. Cada semente vem ao mundo para virar uma árvore que produz sementes, que por sua vez produzem mais árvores, e assim por diante. Todos os aspectos da criação seguem o princípio das gerações.

No registro bíblico, Deus continuamente enfatiza o princípio das gerações em todas as suas condutas com o homem. Ele instruiu Adão e Eva para ser frutíferos e se multiplicar. Ele disse a Abraão que sua "semente" seria grandiosa e abençoaria a terra. Ele disse a Moisés que ensinasse o povo a transmitir cada lei e experiência para seus filhos, e para os filhos de seus filhos. Deus também se expressou por meio das palavras de Salomão: "O homem bom deixa herança para os filhos de seus filhos" (Provérbios 13.22).

Se todas as sementes retivessem a árvore potencial que há dentro delas, aconteceria um desastre natural. As abelhas sofreriam, as aves morreriam e outros animais morreriam de fome. O ser humano também desapareceria, pois não mais haveria oxigênio na atmosfera. Tudo isso aconteceria porque um elemento da natureza se recusou a cumprir o propósito para o qual foi criado.

Nenhum ser humano nasce ou morre de si para si mesmo. Deus lhe deu um potencial farto — suas capacidades, dons, talentos, energias, criatividade, ideias, aspirações e desejos — para abençoar gerações futuras. Você carrega a responsabilidade de ativar, liberar e depositar as manifestações do seu potencial. Esse princípio divino de gerações, proposto pelo Pai da criação, é crucial para avaliar com precisão o princípio do potencial. A tragédia desfere seu golpe sempre que alguém morre vazio.

Nenhum ser humano nasce ou morre de si para si mesmo.

Eu me pergunto quantas centenas de pessoas — talvez milhares ou milhões — nasceram, ou ainda nascerão, que precisam se beneficiar dos livros que você se recusou a escrever, das canções que você deixou de compor, ou da invenção que você insistiu em adiar. Talvez haja milhões que precisem do ministério que você ainda não começou, ou do empreendimento que você nunca iniciou.

A próxima geração precisa do tesouro que é seu potencial. Pense nas diversas invenções, nos livros, nas canções, nas obras de arte e nas conquistas grandiosas que outras pessoas do passado deixaram para você. Assim como o tesouro dessas pessoas se tornou bênção para você, também seus tesouros precisam tornar-se bênção para os filhos dos seus filhos que ainda não nasceram. Você não pode morrer com coisas por serem completadas, e permitir que o túmulo roube as pedras preciosas do futuro. Entregue seu potencial, para assim inspirar os filhos deste mundo a liberar também o potencial deles.

A geração seguinte precisa do tesouro que é seu potencial.

Uma palavra para a mentalidade do terceiro mundo

A história revela uma verdade: as pessoas que tiveram roubada a oportunidade de ativar, liberar e elevar ao máximo seu potencial não conseguem mais raciocinar em termos de gerações. É o que acontece quando essa oportunidade é suprimida pela opressão, pela depressão ou pela subjugação. A opressão as obriga a pensar em termos de autopreservação e segurança pessoal, deixando pouca reflexão para a posteridade. Essa mentalidade permeia muitos países do terceiro mundo e se manifesta na atitude e no estilo de vida que incentivam a *gratificação imediata em detrimento do futuro*. Em última análise, essa mentalidade leva ao medo, desconfiança, à suspeita e ao ressentimento entre os membros da mesma comunidade étnica.

A falta de consciência em relação às gerações futuras prende os indivíduos dentro de um ciclo de autopreservação e coloca obstáculos à criatividade, à inspiração e à inovação. Como consequência, a liberação das tremendas capacidades que habitam cada indivíduo é confiscada pela negligência. Os povos do terceiro mundo, onde estiverem, precisam libertar-se dessa mentalidade. É essencial que entendam a responsabilidade que têm com seus filhos e os filhos de seus filhos. *Enquanto o ser humano não conseguir enxergar além de seu umbigo, o futuro está em perigo.*

A essência do potencial não é preservá-lo, mas liberá-lo. Embora não seja possível mudar o passado, temos o potencial de mapear nosso destino e fazer arranjos para melhorar o futuro de nossos filhos. Sempre temos chance de culpar outras pessoas pelo passado, mas nunca poderemos transferir a responsabilidade pelo futuro. Eu e você recebemos de Deus tudo aquilo de que precisamos para cumprir o propósito que ele tem para nossa vida. Possuímos a capacidade de causar impacto em nossos lares, comunidades, cidades, países, e talvez até no mundo, caso tenhamos a ousadia de nos desafiar e de colocar em uso o abundante potencial que está enterrado bem lá no nosso íntimo.

Decida hoje fazer algo a respeito de seus sonhos. Pare de procrastinar e comprometa-se a liberar seu potencial. Pare de desejar e comece a ter disposição. Pare de propor e comece a planejar. Pare de ficar adiando e comece a agir. Determine-se a morrer vazio, deixando na terra uma herança que traga vida a outras pessoas. Lembre-se de que poucas coisas são impossíveis para quem é dedicado e habilidoso. A perseverança realiza obras grandiosas.

Princípios

1. O fato de você ter nascido é evidência de que possui algo que pode trazer bem ao mundo.
2. Deus lhe deu potencial para abençoar as gerações futuras.
3. A maior necessidade que a capacidade tem é de responsabilidade.
4. Deus exige a aplicação do seu potencial adicionando responsabilidade à sua capacidade.
5. A realização está diretamente vinculada ao término bem-sucedido de uma tarefa.
6. Deus lhe deu tudo aquilo de que você precisa para cumprir o seu propósito na vida.

A atitude diante da responsabilidade

A maior necessidade que a capacidade tem é de responsabilidade.

1. Responsabilidade se define como

___

___

2. A responsabilidade indica a transferência de algo ___.
3. A responsabilidade também envolve:

A. ___

B. ___

C. ___

D. ___

4. Responda:

A. Em que sentido os humanos se assemelham aos computadores?

___

___

B. O que precisa acontecer para essa capacidade se tornar útil?

___

___

5. Responda:

   A. Que responsabilidade temos com a próxima geração?

   ____

   ____

   B. Como fazemos isso?

   ____

   ____

6. Verdadeiro ou falso? Você prestará contas pelo tempo que passou neste planeta. ________________

7. A responsabilidade de ativar, liberar e elevar ao máximo seu potencial reside somente em Deus / você (*circule a alternativa*).

8. Você sabe que pode beneficiar o mundo porque você________.

9. Responda:

   A. A necessidade é a mãe da ________________.

   B. Verdadeiro ou falso? Muitos avanços tecnológicos, medicinais e sociais aconteceram em resposta a problemas ou circunstâncias. ________________

10. Responda:

    A. Por que o Criador colocou Adão no jardim do Éden?

    ____

    ____

    B. À capacidade de Adão foi acrescentada a

    ____

    ____

11. Responda:

    A. Quando seu potencial é liberado? ________________.

    B. Por que o *trabalho* é chamado de *emprego*? ___________.

12. Complete:

A. Exigiu-se de Adão que usasse seu corpo, ou potencial ____________, e sua mente, ou potencial ____________, ____________ e ____________.

B. Verdadeiro ou falso? As solicitações que Deus faz a você realizam na sua vida o mesmo que realizaram na vida de Adão. ____________

13. Paz e contentamento profundos vêm quando se cumpre / antes de se cumprir (*circule a alternativa*) com uma responsabilidade.

14. Responda:

A. Verdadeiro ou falso? O *término* é mais importante do que o início. ____________

B. O que o antigo provérbio chinês diz a respeito disso?

____

____

15. Verdadeiro ou falso?

A. A maioria dos seres morreu tendo "terminado a corrida". ____________

B. A corrida *não* é do mais ligeiro, mas daquele que ________.

16. Jesus terminou sua tarefa? Inclua uma passagem bíblica de apoio.

____

____

17. Em que sentido Jesus desceu vazio à sepultura?

____

____

18. Paulo pôde encarar a morte com toda confiança porque tinha / não tinha (*circule a alternativa*) cumprido o propósito de Deus para sua vida.

19. Deus projetou todas as coisas não somente para se _____________, mas também para __________________ e __________________ vida e riqueza às próximas gerações.

20. Como a árvore demonstra o princípio *da geração*?

____

____

21. Deus enfatizou o princípio *da geração* com:

A. Adão e Eva? ____________________________________

B. Abraão? ____________________________________

C. Moisés? ____________________________________

D. Salomão? ____________________________________

22. Complete:

A. Uma tragédia natural poderia acontecer se

____

____

B. Descreva essa tragédia:

1. As abelhas ___________________________
2. As aves ___________________________
3. Os animais ___________________________
4. O oxigênio ___________________________
5. O ser humano ___________________________

23. Verdadeiro ou falso? A próxima geração precisa da riqueza do seu potencial. __________________

24. Que tipo de pessoa sofre da perda do princípio das gerações?

A. Os oprimidos.

B. Os subjugados.

C. Os deprimidos.

D. Aqueles que não tiveram oportunidades.

E. Todas as alternativas.

25. Responda:

A. Os povos oprimidos dão pouca atenção ao futuro. Como essa mentalidade se manifesta hoje nos países do terceiro mundo?

____

____

B. Em última análise, a que essa mentalidade leva?

____

____

26. Verdadeiro ou falso?

A. A falta de consciência de gerações:

Aprisiona os povos em um ciclo de autoperpetuação. ______

Atravanca a criatividade, a inspiração e a inovação. ______

B. Os povos do terceiro mundo devem continuar com essa mentalidade. ______________

27. Enquanto o ser humano não for capaz de enxergar além de seu próprio umbigo, ______________.

28. Podemos / não podemos (*circule a alternativa*) transferir a responsabilidade pelo futuro a outras pessoas.

29. Responda:

A. *Pense* sobre seus filhos, netos e bisnetos. O que você deixaria de legado para eles nas seguintes áreas?

Herança

1. ______________________________

2. ______________________________

3. ______________________________

4. ______________________________

5. ______________________________

Ambiente

1. ______________________________

2. ______________________________

3. ______________________________

4. ______________________________

5. ______________________________

Riqueza

1. ______________________________

2. ______________________________

3. ______________________________

4. ______________________________

5. ______________________________

B. Quais planos você pode fazer *hoje* para tornar realidade esses pensamentos e planos? Prepare um plano de ação para cada item.

Herança — princípio das gerações

Plano de ação

1. ______________________________

2. ______________________________

3. ______________________________

4. ______________________________

5. ______________________________

Ambiente — princípio das gerações

Plano de ação

1. ______________________________

2. ______________________________

3. ______________________________

4. ______________________________

5. ______________________________

Riqueza — princípios das gerações

Plano de ação

1. ______________________________

2. ______________________________

3. ______________________________

4. ______________________________

5. ______________________________

30. O que *você* pode deixar para esta geração? Prepare um plano de ação para cada um de seus sonhos.

Eu poderia deixar para esta geração ______________________

Poderia realizar isso fazendo:

1. ______________________________

2. ______________________________

3. ______________________________

4. ______________________________

5. ______________________________

Poderia deixar isto para esta geração

Poderia realizar isto fazendo:

1. ______________________________

2. ______________________________

3. ______________________________

4. ______________________________

5. ______________________________

Deus lhe deu potencial para abençoar as gerações futuras.

Chave de respostas

Capítulo 1

1. ... uma missão...
2. Algo com o que eles possam aprender e do qual receber inspiração.
3. Nossos talentos naturais, dons, desejos e sonhos.
4. Porque a responsabilidade de ativar o potencial nunca foi aceita (a pessoa morre sem elevar ao máximo seu potencial).
5. A responsabilidade.
6. Potencial.
7. Com potencial ilimitado.
8. Não colocar à vista tudo o que Deus colocou dentro de mim para o bem da humanidade.
9. ... extinguir a vida antes que o potencial possa ser ou tenha sido completamente realizado.
10. A extinção do potencial.
11.

    Semente — floresta
    Peixe — cardume
    Ave — revoada
    Boi — rebanho
    Menina — mulher
    Menino — homem
    Ser humano — nação
12.

    Um = vários
    Pouco = muito
    Pequeno = grande
    Menos = mais
13.

    Semente — floresta
    Boi — rebanho
    Menino — homem
    Menina — mulher
    Ser humano — nação
14. ... responsabilidade ... obrigação.

15. Ele abortou as sementes de seu potencial, que tinham tudo para ser o que poderiam ser.
16. Respostas pessoais.

Capítulo 2

1. Uma vida que deixa de cumprir seu propósito e potencial.
2. Verdadeiro.
3. ... história.
4. ... futuro.
5. Verdadeiro.
6. Não. Para ser elevado ao máximo, o potencial precisa ser ativado ou liberado.
7.
   A. ... eficazmente.
   B. ... vida ...
8. Não fique.
9. Comece agora mesmo a.
10. Padrões familiares, experiências.
11. Astronômico limite de crédito com o qual nascemos.
12. Respostas pessoais.

Capítulo 3

1. Capacidade encoberta; poder represado; força sem utilização; dons adormecidos.
2. Mais.
3. Verdadeiro.
4. B.
5. Gênesis 1.12.
6. ... potencial.
7. Em Deus.
8.
   Um começo — Deus
   Uma criação — Criador
   Qualquer coisa — Deus
9. "Todas as coisas foram feitas por intermédio dele [de Deus]; sem ele, nada do que existe teria sido feito" (João 1.3).
10. 2 - 1 - 4 - 3.
11.
   À terra — As plantas
   Ao pó — Os animais
   Ao mar — Os peixes
   À vastidão do céu — O sol, a lua e as estrelas
   A si mesmo — O ser humano
12. Respostas pessoais.

Capítulo 4

1.
   A. ... fonte...
   B. ... terra...
   C. ... águas...
2.
   A. ... componentes...
   B. Elas voltam para a fonte da qual Deus as tirou.
   C. ... mar (água).
   D. Ele retorna para sua Fonte.
3.
   A. ... sustentadas...
   B. ... morrem.
   C. ... morre (espiritualmente).
4.
   A. ... fontes.
   B. ... pobres.
   C. Ao potencial de Deus.
5.
   A. ... cumprir ... propósito.
   B. Deus.
6.
   A. ... ações demandadas...
   B. Sim. O fabricante inclui no produto a capacidade de realizar uma função.

C. Sim. Deus dá a capacidade de completar as tarefas para as quais fomos *projetados*.

7.

A. ... relacionamento ...

B. Deus

C. ... relacionar-se com a Fonte, por meio de Jesus Cristo, seu Filho.

8.

A. ... funcionar.

B. ... fé...

9.

A. Ele esclarece o propósito do produto.

B. Verdadeiro.

C. ... o plano de Deus...

10.

A. Recursos espirituais, físicos, materiais e da alma.

B. Falso.

11.

A. ... ambiente ...

B. Porque lá havia condições ideais para desenvolvimento e realização.

C. O pecado.

12. Verdadeiro.

13.

A. Fugir deles.

B. Verdadeiro.

14.

A. Satanás...

B. Ao usar circunstâncias, atitudes, coisas e pessoas.

15. ... sonhos, planos... ideais...

16. Ao dar liberalmente aos outros meus dons, as aspirações e as capacidades.

17. ... limitação.

18.

A. Verdadeiro.

B. Falso.

19.

A. Sim. Ele nos deu a liberdade de obedecer ou desobedecer às suas leis e aos seus mandamentos.

B. Verdadeiro.

20. Respostas pessoais.

Capítulo 5

1. Pelas ações que o criador demanda do potencial.

2. Verdadeiro.

3.

A. Quem eu sou.

B. Como deveria agir.

C. Quem me deu a vida.

D. De que preciso para uma vida plena e produtiva.

4. Da corrupção no mundo (as tentações e pressões a que somos submetidos).

5. Verdadeiro.

6. ... *vocês não podem fazer coisa alguma.*

7.

A. Planejando, projetando e fazendo com que os sonhos virem realidade.

B. Sonhos, aspirações e orações.

8. Verdadeiro.

9. ... Fonte / Criador ...

10. Ele esperava que a usassem e multiplicassem.

11.

A. Não. Deus *nos* deu aquilo de que *nós* precisamos para realizar as tarefas.

B. ... usar com sabedoria aqueles que já recebeu!

12.

A. Os diversos recursos que Deus nos deu.

B. O propósito para o qual ele nos deu esses recursos.

13.

A. A Fonte / O Criador

B. Por meio de suas leis e mandamentos.

14.

A. Libera meu potencial.

B. Atrapalha ou impede que meu potencial seja liberado.

15.

A. ... trabalho.

B. O trabalho.

16.

A. Verdadeiro.

B. Falso.

17. Porque ela não opera de acordo com as intenções divinas.

18.

A. 1. Corpo; 2. Alma; 3. Espírito.

B. No manual de instruções de Deus, a Bíblia.

19. Porque ele nos ama; para nos livrar das punições do pecado e da morte.

20.

A. Respostas pessoais.

B. Sim. A garantia de Deus inclui a graça. Ele pagará por todos os reparos.

Capítulo 6

1. Ele voluntariamente enviou Jesus para morrer por nossos pecados.

2.

A. À morte de Deus.

B. … pagarei o preço para restaurar a comunhão entre mim e a humanidade.

3. ... quanto o item custa.

4.

A. Falso.

B. 1. Verdadeiro; 2. Verdadeiro.

5. C.

6.

A. Fazer (*asah*); formar algo a partir do que já existe.

B. Criar (*bara*); formar algo a partir do nada.

7.

A. Façamos…

B. Criou…

8.

A. Funcionar da mesma maneira.

B. Então Deus disse: "Façamos o homem à nossa imagem, **para funcionar como nós funcionamos**".

9. Verdadeiro.

10. Verdadeiro.

11. Deus disse em Gênesis 1.28: "Sejam férteis e multipliquem-se! Encham [...] a terra…"

12.

A. Sim.

B. "Tudo é possível àquele que crê" (Marcos 9.23).

13.

A. Verdadeiro.

B. Verdadeiro.

14.

A. 1. Precisamos permanecer nele. 2. Suas palavras precisam permanecer em nós.

B. O fruto em nossa vida.

15.

A. Verdadeiro.

B. Falso.

16. Verdadeiro.

17.

A. Ao conhecimento que tenho de Deus.

B. À minha disposição de seguir os padrões estabelecidos por Deus.

18.

A. … padrões de Deus.

B. … misericordioso … amoroso.

19. … mandamentos de Deus.

20. Sim. Ele sabe o que vai dentro de nós. "E os seus mandamentos não são pesados" (1João 5.3).

21. Verdadeiro.

22. Ilimitado.

23.
   A. ... "que conhece seu Deus resistirá com firmeza".
   B. ... "que conhece seu Deus".

24. Verdadeiro.

25.
   A. ... crer e agir com base nas palavras e na integridade de outra pessoa.
   B. ... "tenham o tipo de fé que Deus tem".

26. D.

27.
   A. Falso.
   B. Todas as.

28.
   A. O poder de Deus.
   B. ... Espírito Santo...
   C. Eu.
   D. Ele é desperdiçado.

29-30. Respostas pessoais.

Capítulo 7

1. Falso.

2. Verdadeiro.

3. ... espírito preso.

4.
   A. *Psyche.*
   B O núcleo do espírito.

5. ... feito ... criado.

6. Vida centrada em Deus

7. ... adquirido novamente.

8. Por meio do preço redentor da morte na cruz. De Satanás.

9. Espírito.

10. Que ele voltaria para *redimir* nosso corpo.

11. Verdadeiro.

12. Deus dará vida ao nosso corpo.

13. Verdadeiro.

14. "... esquecendo-me das coisas que ficaram para trás e avançando para as que estão adiante, prossigo para o alvo, a fim de ganhar o prêmio do chamado celestial de Deus em Cristo Jesus" (Filipenses 3.13,14).

15. Verdadeiro.

16.
   F — Não visto
   S — Tato
   S — Visto
   F — Invisível
   F — Evidência
   S — Ouvir

17. D.

18. Verdadeiro.

19. ... minhas emoções, minha vontade e minha mente.

20.
   A. Ao *pronunciar palavras* que estejam acompanhadas da fé.
   B. 1. *Cri; portanto **falei**.* 2. *Também cremos e, portanto, falamos.*

21. ... desfrutar de um relacionamento correto com Deus.

22. B.

23. Um requisito.

24. A figura incompleta.

25. Não representa.

26. Verdadeiro.

27.
   A. Ao crer, conceber e liberar (falando) todos os dias até receber.
   B. Seu Reino e sua justiça.

28. Verdadeiro.

29. Balde.

30. Respostas pessoais.

Capítulo 8

1. Na estrada para Damasco.
2.
   A. ... sem sentido.
   B. O motivo para o qual o objeto existe.
3.
   A. Deus.
   B. Para que eu possa cumprir seu propósito.
4.
   A. ... sentir pesar ou remorso por alguma ação, atitude ou pensamento.
   B. ... uma mudança de ideia ou voltar-se para Deus.
   C. A definição greco-romana, porque é necessária uma mudança completa na maneira de pensar.
5.
   A. Verdadeiro.
   B. A vida como vivida pelos gentios, tomada por pensamentos fúteis. Eles têm o entendimento obscurecido, e estão separados da vida de Deus.
6. Destruição.
7.
   A. ... ab- ... uso.
   B. Inadequada.
8.
   A. Compreendendo o propósito delas.
   B. Verdadeiro.
9. ... não entendem por que Deus os criou.
10. C.
11. A.
12. Verdadeiro.
13.
   A. Deus: 1. Não faz contagem dos erros; 2. Alegra-se com a verdade.
   Deus é: 1. Paciente; 2. Bondoso.
   Deus não é: 1. Orgulhoso; 2. Grosseiro; 3. Preocupado com seus próprios interesses; 4. Irritável.
   Deus sempre: 1. Protege; 2. Confia; 3. Tem esperança; 4. Persevera.
   Deus nunca: 1. Fracassa.
   Deus não: 1. Sente inveja; 2. Não se vangloria; 3. Não encontra prazer na maldade.
   B. Respostas pessoais.
14. Para que se restaure a comunhão.
15. Falso.
16.
   A. Falso.
   B. Abomina.
17.
   A. Falso.
   B. Verdadeiro.
18.
   A. "Eu os escolhi para irem e darem fruto, fruto que permaneça" (v. 16).
   B. amor, alegria, paz, paciência, benevolência, bondade, fidelidade, amabilidade, domínio próprio
   C. ... a presença do Espírito Santo.
19.
   A. Valores.
   B. Atitudes.
20. Respostas pessoais.

Capítulo 9

1. Verdadeiro.
2. D.
3. "O pobre e o opressor têm algo em comum: o Senhor dá vista a ambos" (Provérbios 29.13). "O rico e o pobre têm isso em comum: o Senhor é o Criador de ambos" (Provérbios 22.2).
4. Falso.
5. ... aquilo que você faz com o que tem.

6. Verdadeiro.
7. Seguir em frente.
8. Destrói.
9. D.
10. Bom.
11.
    A. 1. Para que eu realize aquilo para o qual fui criado. 2. Para viver *com* o apoio dos recursos, não *para* os recursos.
    B. Quando o recurso se torna mais importante que propósito para o qual Deus o criou.
12.
    A. 1. Espirituais; 2. Físicos; 3. Materiais; 4. Da alma; 5. Do tempo
    B. Recursos espirituais. "Nem só de pão viverá o homem, mas de toda palavra que procede da boa de Deus" (Mateus 4.4).
13.
    A. A Palavra de Deus (Lucas 11.28).
    B. Os dons do Espírito (1Coríntios 12.7).
    C. A armadura de Deus (Efésios 6.13-18).
14. Para crescimento, mudança e força.
15. Edificar a Igreja.
16. Ela nos protege.
17. Cuidado inadequado e atitudes inapropriadas podem resultar em mau uso.
18.
    A. Mente, vontade e sentimentos (emoções).
    B. 1. São o principal meio pelo qual expresso quem sou. 2. Meu espírito e meu corpo dependem deles.
19. Por meio de sua vontade, sentimentos e mente.
20. O pensamento acontece na alma, mas a convicção se firma no espírito.
21.
    A. Mudar a maneira de pensar.
    B. Ele sabia que nossos pensamentos nos influenciam muito mais que nossas convicções.
22.
    A. ... desprezaram ... reprovável.
    B. ... mentalidade ... mentalidade...
23.
    A. ... renovação ... mente.
    B. ... mente ... entendimento.
    C. Permitindo que Deus transforme minha mente.
24.
    A. ... interrupção ... eternidade.
    B. 2.
25.
    A. Verdadeiro.
    B. 1. Construtiva; 2. Efetiva; 3. Eficiente.
26.
    A. Verdadeiro.
    B. Verdadeiro.
27. ... serviço de Deus ... acumuladas ... benefício ... conforto.
28.
    A. Descobrir, afiar e cultivá-los.
    B. Sim. Ele nos deu recursos espirituais, físicos, materiais, da alma, do tempo e muitos outros.
29.
    A. Mais.
    B. Tirado.
30. Respostas pessoais.

Capítulo 10

1. C.
2. Morte.
3. Sim. Jesus só pôde curar uns poucos doentes por causa da incredulidade e

do ceticismo que tomou conta da mente de seus amigos e vizinhos.

4. Verdadeiro.
5. Falso.
6. Fracasso.
7. E.
8. Falso.
9. Verdadeiro.
10.
   A. Eu aprendo quais são as condições de meu ambiente ideal.
   B. Eu me esforço para manter meu ambiente dentro dessas condições.
11.
   A. … criou o jardim.
   B. … plantou o jardim.
   C. … organizou o jardim.
   D. … estava presente no jardim.
   E. … supriu tudo o que o homem precisava para viver no jardim, incluindo a fé.
12. Deus.
13. Caos e desorganização.
14.
   A. A.
   B. B.
15. Destruir.
16. ... mental …
17. Olho. "Os olhos são a candeia [a lâmpada] do corpo. Se os seus olhos forem bons, todo o seu corpo será cheio de luz. Mas, se os seus olhos forem maus, todo seu corpo será cheio de trevas" (Mateus 6.22,23).
18. Verdadeiro.
19. Quando Caim matou seu irmão Abel.
20. Infidelidade.
21. Um homem com uma mulher.
22. "... toda a inclinação dos pensamentos do seu coração era sempre e somente para o mal" (Gênesis 6.5).
23. O egoísmo dos homens.
24. Falso.
25. Fora de controle.
26. Fora de si.
27. Caiu em si. "Caindo em si … " (Lucas 15.17).
28. Quando a pessoa cai em si, admite seu pecado e que precisa do perdão divino.
29.
   A. Ensinar com persistência.
   B. Conversar sobre os mandamentos.
   C. Vincular-se a eles.
   D. Ligar-se a eles.
   E. Escrever sobre eles.
30. Respostas pessoais

Capítulo 11

1. Econômico.
2.
   A. … Deus, dinheiro...
   B. "Ninguém pode servir a dois senhores; pois odiará um e amará o outro, ou se dedicará a um e desprezará o outro. Vocês não podem servir a Deus e ao Dinheiro."
3. Sim. Há um impacto relevante na liberação do seu potencial. É o poder fundamental em ação na sua vida que determina sua motivação.
4.
   A. Dinheiro.
   B. Deus.
5. Deus ou o dinheiro.
6.
   A. Falso.
   B. Falso.
   C. Falso.

D. Verdadeiro.
E. Verdadeiro.
F. Verdadeiro.
G. Verdadeiro.

7\.
   A. Prolongar a vida.
   B. Trazer prosperidade.
8. Não permite.
9. Não têm.
10. Aborrecimentos.
11. ... corrompida ... pervertidos.
12. ... cairá.
13. ... folha verdejante.
14. ... vida.
15. ... aplicado.
16\.
   A. Thomas Edison.
   B. A genialidade é 1% inspiração e 99% transpiração.
17. Suar; lutar; labutar; sofrer dores.
18. ... mestra ... potencial.
19. D.
20. Descansando.
21. Não faz.
22. ... morrer. O trabalho é uma parte necessária da vida.
23. ... gasolina ... trabalho.
24. Sorteio televisivo; cassino; loteria; promoções.
25. ... uma existência satisfatória e relevante.
26. ... esforço.
27. Priva o indivíduo da responsabilidade, da gratificação e do orgulho que surgem com o autodesenvolvimento e a autorrealização.
28. O amor ao trabalho.
29. ... trabalho ...
30. Respostas pessoais.

Capítulo 12

1. Atarefadas.
2. ... trabalhadores ...
3. Verdadeiro.
4\.
   A. ... potencial ... empenho ... potencial...
   B. ... potencial ... empenho ... potencial...
   C. Trabalhar.
5\.
   A. ... longa, árdua ... pouco empenho.
   B. ... trabalho.
6. Trabalhar.
7\.
   A. 1. Verdadeiro; 2. Verdadeiro; 3. Verdadeiro.
   B. ... trabalho.
   C. Verdadeiro.
   D. ... trabalho.
8. Dádiva.
9\.
   A. ... trabalhou ...
   B. ... trabalhou ...
   C. ... trabalhou ...
   D. ... trabalho...
10. Honroso.
11. ... trabalhar.
12\.
   A. Supre as necessidades físicas.
   B. Revela o potencial.
   C. Torna visíveis as bênçãos do trabalho.
   D. Dá a oportunidade de sentir muita alegria na conquista.
   E. Fortalece a autoestima.
13\.
   A. Verdadeiro.
   B. Fazendo tendas.
14. Não devemos.

15. Falso.
16. Verdadeiro.
17. De um compromisso com o trabalho.
18. Verdadeiro.
19.
    A. Ele rouba.
    B.
    1. Chegar tarde ao trabalho.
    2. Fazer horário de almoço longo demais.
    3. Ir para casa mais cedo.
    4. Levar para casa lápis, canetas ou clipes de papel.
    5. Fazer cópias pessoais na copiadora.
    6. Cuidar de negócios pessoais durante o expediente.
20. ... roubando daqueles que estão trabalhando.
21.
    A. ... furtava ... furte ... trabalhe ... útil...
    ... contribuição proveitosa ...
22.
    A. ... roubo.
    B.
    1. Fome.
    2. Isolamento; vergonha.
    3. Relutância dos outros em me levarem a sério.
    4. Oportunidades perdidas de progresso.
    5. Incapacidade de enxergar a própria necessidade de se levantar e trabalhar.
    6. Perda da ambição.
    7. Vontade de dormir.
    8. Incapacidade de me orgulhar das conquistas.
    9. Escravidão.
    10. Pobreza.
23.
    A. C
    B. D
    C. A
    D. B
24.
    A. D
    B. B
    C. A
    D. C
25.
    A. D
    B. A
    C. C
    D. B
26. ... *ptochos*.
27. ... improdutivo.
28. ... improdutividade.
29. ... trabalho árduo.
30. Respostas pessoais.

Capítulo 13

1. Verdadeiro.
2. Verdadeiro.
3. O trabalho libera o potencial; o emprego dá um salário.
4. Verdadeiro.
5. ... talentos, capacidades ... habilidades.
6.
    A. 1. Ele curou; 2. Ele pregou.
    B. Disse-lhes Jesus: "Meu Pai continua trabalhando até hoje, e eu também estou trabalhando" (João 5.17).
7.
    A. ... ativar.
    B. ... "trabalho".
    C. ... energia.
    D. ... ativação ... energia acumulada.
8. ... *energia* ... tornar-se.
9. Verdadeiro.
10.
    A. ... potencial.

B. ... trabalho.

11. Falso.

12. Verdadeiro.

13. Verdadeiro.

14. Disciplina.

15. Ensinar bem cedo as crianças a ter responsabilidade.

16.

A. Empenho persistente e consistente.

B. ... de todo coração.

17. ... comprometido ... desejado ...

18.

A. 1. Um sonho sem trabalho; 2. Uma visão sem missão.

B. Os missionários...

19. Não está.

20. Fardos.

21. Quanto você gera com seus recursos.

22. A.

23. ... trabalho.

24. Porque a improdutividade deles se percebe prontamente.

25. ... trabalho ... evite ...

26. ... bem elaborados ... apressado ... pobreza.

27. Verdadeiro.

28. ... insatisfação ... infelicidade.

29-30. Respostas pessoais.

Capítulo 14

1. ... o estado de quem é confiável, de quem presta contas.

2. ... valioso.

3.

A. Autoconfiança.

B. Efetividade.

C. Fidelidade.

D. Capacidade.

4.

A. Ambos têm uma tremenda capacidade de processar, analisar, assimilar, comparar e produzir.

B. É preciso demandar ações.

5.

A. A de prepará-la para realizar o seu próprio potencial.

B. Ao usar nosso potencial, capacidade e talentos naturais para esse propósito.

6. Verdadeiro.

7. Você.

8. ... nasceu.

9.

A. ... invenção.

B. Verdadeiro.

10.

A. Para trabalhar no jardim e cuidar dele.

B. ... responsabilidade.

11.

A. Quando se demanda que ele entre em ação.

B. Porque trabalho emprega as capacidades com o propósito de trazer à luz o potencial.

12.

A. ... físico ... intelectual ... mental ... criativo...

B. Verdadeiro.

13. Quando se cumpre.

14.

A. Verdadeiro.

B. O fim das coisas é melhor que seu começo.

15.

A. Falso.

B. ... resiste até o fim.

16. Sim. "Tendo-o provado, Jesus disse: 'Está consumado!'" (João 19.30).

17. Ele liberou e elevou ao máximo seu potencial para cumprir com sucesso o propósito para o qual Deus o tinha enviado para o mundo.
18. Tinha.
19. ... reproduzir ... transferir ... transmitir ...
20. Ela produz sementes, que se transformam em árvores, que produzem mais sementes...
21.
    A. Ele lhes disse para ser férteis e se multiplicar.
    B. Ele disse a Abraão que sua "semente" seria grandiosa e abençoaria a terra.
    C. Ele recomendou que Moisés ensinasse o povo a transmitir todas as leis e experiências para os filhos, e para os filhos de seus filhos.
    D. Ele disse que o homem bom deixa a herança para os filhos de seus filhos.
22.
    A. ... todas as sementes do mundo retivessem o potencial de árvores que têm dentro delas.
    B. 1. sofreriam; 2. morreriam; 3. morreriam de fome; 4. desapareceria; 5. desaparecia.
23. Verdadeiro.
24. E
25.
    A. Com a atitude e o estilo de vida que incentivam a gratificação imediata em detrimento do futuro.
    B. Ao medo, à desconfiança, à suspeita e ao rancor entre os membros da mesma comunidade étnica.
26.
    A. 1. Verdadeiro; 2. Verdadeiro.
    B. Falso.
27. ... o futuro estará em perigo.
28. Não podemos.

29-30. Respostas pessoais.

Questionário de revisão

Verdadeiro ou falso?

1. __________ Cada um de nós vem ao mundo com uma missão a cumprir.
2. __________ Você nasceu com um potencial limitado.
3. __________ Tudo na vida tem o potencial para cumprir seu propósito.
4. __________ Satanás tem a intenção de desenvolver seu potencial.
5. __________ Ter fé é crer, ver, liberar e receber.
6. __________ Você foi criado para dar frutos.
7. __________ Você pode controlar o mundo se for controlado por ele.
8. __________ Violar o ambiente sempre produz vida.
9. __________ É possível servir a Deus e ao dinheiro.
10. __________ A aposentadoria não é bíblica.

Correspondência / Associação

Ligue os itens da primeira coluna com a palavra adequada na segunda coluna.

11. Em cada:	... existe um:
_____semente	A. uma revoada
_____peixe	B. uma mulher
_____ave	C. um cardume
_____boi	D. um homem
_____menina	E. uma nação
_____menino	F. uma floresta
_____ser humano	G. um rebanho

12. Escreva "F" ao lado das palavras que se associam com a fé. Escreva "S" ao lado das palavras que se referem aos sentidos.

__________Não visto

__________Visível

__________Tato

__________Invisível

__________Evidência

__________Ouvido

13. Circule o fruto que Deus quer ver na sua vida.

Amor

Alegria

Paz

Paciência

Orgulho

Amabilidade

Bondade

Fidelidade

Inveja

Mansidão

Grosseria

Domínio próprio

Múltipla escolha

14. Deus nos encarregou de deixar para as gerações futuras:

 A. Algo que possam aprender.

 B. Algo com o que possam se inspirar.

 C. Uma herança.

 D. Todas as opções.

15. Qual frase *não* descreve o potencial?

 A. Dons adormecidos.

 B. Capacidade sem limites de expressão.

 C. Capacidade utilizada.

 D. Poder contido.

16. Qual palavra descreve um Deus "todo-poderoso"?

 A. Ônibus

 B. Onisciente

 C. Onipresente

 D. Onipotente

17. O sentido da palavra grega para *arrependimento* nos tempos de Jesus era:

A. Pesar.

B. Sentir remorso.

C. Mudar de ideia.

D. Ficar chateado por ter feito algo.

18. Aquilo que acontece na sua vida é determinado por:

A. Com quem você vive.

B. Quem são suas companhias.

C. Onde você passa seu tempo.

D. O que entra na sua mente.

E. Todas as alternativas.

19. A colheita é grande, mas os trabalhadores são:

A. Em grande número.

B. Poucos.

C. Gente cansada.

D. Ávidos.

Complete

20. Winston Churchill disse que o preço da grandeza é a responsabilidade / irresponsabilidade (*circule a alternativa*).

21. Para elevar ao máximo nosso potencial, precisamos ir além dos __________ familiares e das __________.

22. A __________ aos mandamentos de Deus libera seu potencial.

23. Sem fé é possível / impossível agradar a Deus (*circule a alternativa*).

24. A pessoa que toma suas ideias e as torna visíveis é um inventor / homem rico (*circule a alternativa*).

25. Circule a alternativa correta:

   A. A mente do pecaminoso é vida / morte.

   B. A mente controlada pelo Espírito é vida / morte.

Resposta curta

26. Seu potencial está ligado ao potencial de quem?

    ____

    ____

27. Cite os recursos que você precisa compreender e controlar para ser uma pessoa de sucesso.

    ____

    ____

28. A contaminação da mente começa em que parte do corpo?

    ____

    ____

29. Qual é a chave mestra para liberar seu potencial?

    ____

    ____

30. O que é genialidade?

    ____

    ____

Chave de respostas do questionário de revisão

1. Verdadeiro.
2. Falso.
3. Verdadeiro.
4. Falso.
5. Verdadeiro.
6. Verdadeiro.
7. Falso.
8. Falso.
9. Falso.
10. Verdadeiro.
11. F semente; C peixe; A ave; G boi; B menina; D menino; E ser humano.
12. F não visto; S visto; S tato; F invisível; F evidência; S ouvido.
13. Amor, alegria, paz, paciência, amabilidade, bondade, fidelidade, mansidão, domínio próprio.
14. D.
15. C.
16. D.
17. C.
18. E.
19. B.
20. Responsabilidade.
21. ... padrões ... experiências.
22. ... obediência.
23. Impossível.
24. Inventor.
25.
    A. Morte.
    B. Vida.
26. Ao potencial de Deus.
27. Recursos espirituais, físicos, materiais, da alma e do tempo.
28. No olho.
29. O trabalho.
30. É 1% de inspiração e 99% de transpiração.

Esta obra foi composta em *Agaramond* e impressa
por Imprensa da Fé sobre papel *Offset* 63 g/m^2 para
Editora Vida em fevereiro de 2009.